Usted puede comenzar de nuevo

Usted puede
comenzar
de nuevo

JOYCE MEYER

FaithWords

FaithWords
Hachette Book Group
237 Park Avenue
New York, NY 10017

www.faithwords.com

Impreso en los Estados Unidos de América

RRD-C

Primera edición: Abril 2014
10 9 8 7 6 5 4 3 2 1

FaithWords es una división de Hachette Book Group, Inc.
El nombre y el logotipo de FaithWords es una marca
registrada de Hachette Book Group, Inc.

El Hachette Speakers Bureau ofrece una amplia gama de autores para
eventos y charlas. Para más información, vaya a
www.hachettespeakersbureau.com o llame al (866) 376-6591.

International Standard Book Number: 978-1-4555-7802-3

De modo que si alguno está en Cristo, nueva criatura es; las cosas viejas pasaron; he aquí todas son hechas nuevas.

—2 Corintios 5:17

CONTENIDO

INTRODUCCIÓN

La cultura popular (con un toque de folclor) cuenta el relato de cómo el épico primer ministro británico, Winston Churchill, audazmente pronunció para sus compatriotas un discurso de una sola frase. La leyenda dice que, durante los días más oscuros de la Segunda Guerra Mundial, Churchill se paró frente a una silenciosa multitud y declaró con osadía: "Nunca, nunca, nunca, nunca se rindan". Se volteó y se sentó, confiado de que esas seis palabras eran suficientes.

Aunque los historiadores registran que Churchill en realidad pronunció unos cuantos párrafos más aquel día, fue esta frase audaz la que permaneció en la mente de los ciudadanos que batallaban en la guerra y que estaban agotados de ella. *¡Nunca, nunca, nunca, nunca se rindan!*

Como ministra del evangelio durante casi treinta y ocho años estoy acostumbrada a pararme frente a multitudes; pero tengo que admitir que nunca he dado ningún sermón de una sola frase. Siento que quienes asisten para escucharme pueden no impresionarse como la multitud británica de aquel entonces; posiblemente esperen un poco más.

Pero si yo fuera lo suficientemente audaz para dar un mensaje de una sola frase ahora mismo—si solo tuviera unos segundos para compartir con usted una idea que cambiaría su vida—esto es lo que diría:

> *Quienquiera que usted sea, dondequiera que esté, sin importar lo que haya pasado, nunca es demasiado tarde para comenzar de nuevo.*

Creo que esta sola frase es más que un discurso o un sermón; es uno de los mensajes centrales de la Biblia. A pesar de su fracaso pasado o de su lucha presente, Dios le ofrece un nuevo comienzo. Los comienzos frescos no son la excepción; son la regla. Los vemos a lo largo de la Palabra de Dios. Por ejemplo:

- Lejos de su potencial, merodeando a lo largo del desierto, Moisés fue llamado a dirigir a una nación. *¡Un nuevo comienzo!*
- Como víctima de su reputación, conocida solo como una prostituta, Rahab fue rescatada y recibió un nombre honorable en el linaje de Cristo. *¡Un nuevo comienzo!*
- Atorado en un empleo sin futuro apacentando ovejas, David fue ungido como el siguiente rey de Israel. *¡Un nuevo comienzo!*
- Viuda, sola y sin un lugar a dónde ir, Rut recibió una nueva vida: mejor de la que imaginaba. *¡Un nuevo comienzo!*
- Avergonzado de haber cedido ante el temor y negado al Señor, Pedro fue perdonado e inspirado a predicar en Pentecostés. *¡Un nuevo comienzo!*
- Atrapado en la trampa de la religión muerta y persiguiendo a los primeros cristianos, Pablo fue transformado y llamado a escribir gran parte del Nuevo Testamento. *¡Un nuevo comienzo!*

¿Observa el patrón? Vez tras vez, historia tras historia, página tras página, Dios ofrece un nuevo comienzo, y su pueblo le saca el mayor provecho. Las circunstancias cambian y las historias varían, pero la gracia de Dios nunca vacila. Dios siempre ofrece una nueva oportunidad. Una nueva posibilidad. Una nueva vida.

Sin embargo, cuando viajo de ciudad en ciudad, predicando la Palabra, me encuentro con muchas personas que continúan viviendo en tinieblas. Para algunos son tinieblas de dolor—el dolor congela sus pasos, buscando respuestas a tientas—. Para otros son tinieblas de desilusión: la vida no ha resultado como planeaban, y se sienten perdidos e inseguros. Incluso para otros las tinieblas vienen como una nube de soledad, temor, desinterés, incertidumbre, preocupación o desesperación.

El deseo de mi corazón es ver que la gente sea liberada y tenga la vida nueva de victoria y llena de gozo que Jesús vino a darles. Sé de primera mano cuán liberador puede ser esto. Mire, no solamente he conocido a gente atorada en la incertidumbre, yo he estado atorada ahí una y otra vez. Sé cómo es estar tan preocupados que nos equivocamos en lo mismo o, peor aún, no hacemos nada en absoluto.

Me imagino que usted también ha experimentado esto antes. Parece que en algún momento todos hemos estado mirando una barricada en la vida y nos hemos preguntado: *¿Esto es todo? ¿Estoy acabado? ¿Debo rendirme? ¿Qué hago ahora?* Pero la Escritura nos dice que la Palabra de Dios "lámpara es a mis pies [. . .] y lumbrera a mi camino" (Salmos 119:105). Esto significa que no importa cuán oscuro pueda ser nuestro entorno, nunca perderemos la ruta. Dios nos guiará a nuestro destino; nunca es demasiado tarde.

Aquí está la clave: usted tiene que dar un paso. Los nuevos comienzos no se dan en una escalera mecánica, suceden a lo largo del camino. En fe, usted progresa al dar un paso a la vez. Si usted está determinado a tener éxito en la vida, la gracia de Dios le permitirá llevar a cabo lo que parece imposible en su pensamiento natural. Dios ha prometido hacer su parte, pero usted también tiene una parte importante que jugar.

Si usted sabe cómo es estar lejos de su potencial; sufrir de una reputación mucho menos que soberbia; encontrarse atorado en un empleo sin futuro; sentirse abandonado o solo; vivir con remordimiento o vergüenza; o simplemente preguntarse cuál podrá ser su siguiente paso, permita que este libro sea un nuevo comienzo para usted.

He dividido el contenido en tres secciones: *Nuevos comienzos, ¿Qué lo está deteniendo* y *Hoy es su día*. Estos temas vienen directamente de 2 Corintios 5:17, el versículo clave para los nuevos comienzos. En cada sección usted descubrirá personas asombrosas que aprovecharon su oportunidad para comenzar de nuevo. Su valentía, audacia y determinación levantarán su espíritu y edificarán su fe. Además de las historias alentadoras, usted encontrará pasos prácticos de la Palabra que lo ayudarán a vivir su nuevo comienzo. Estas verdades le proporcionarán un fuerte fundamento para su futuro.

Pero más que nada, yo oro por que cada palabra de este libro le ayude a descubrir a Dios mismo. Una relación profunda y duradera con Él es el fundamento y la fuente de todo nuevo comienzo. Él es el premio supremo, y nosotros nunca debemos olvidar que el verdadero gozo y la verdadera felicidad se encuentran solamente en Él.

Yo oro que al leer estas páginas usted comprenda que Dios lo ama con amor eterno (Jeremías 31:3), que Él está con usted ahora y siempre (Deuteronomio 31:6), y que Él desea darle una vida abundante, vencedora y llena de gozo (Juan 10:10).

Esa vida puede ser suya hoy si usted la recibe. Solo recuerde...

Quienquiera que sea, sin importar lo que haya pasado, nunca es demasiado tarde para comenzar de nuevo.

PARTE 1

Nuevos comienzos

De modo que si alguno está en Cristo, nueva criatura es...

—2 Corintios 5:17a

CAPÍTULO 1

¡Ayuda! ¡Estoy atorado!

"Las cuerdas que fueron rotas vibrarán una vez más".
—Fanny Crosby

Un joven ministro, a quien llamaremos Eric, decidió tomar clases de piano. Debido a su profesión, simplemente era lógico aprender a tocar música. Si su líder de alabanza faltaba por enfermedad o si un músico se retractaba momentos antes de un servicio, él podría entrar a tocar. Eric, el predicador pianista— siempre sonreía de solo pensarlo—.

Determinado, Eric tomó las lecciones fielmente durante más de cinco años. Cada martes llegaba para su lección con una profesora local de piano, y cada mañana se despertaba temprano para cubrir diligente el tiempo de práctica. Según él mismo, no se le daba naturalmente. El aprendizaje era lento y el progreso iba en incremento, pero con la paciencia de su maestra y su propio deseo de mejorar, Eric daba firmes saltos hacia su objetivo.

Un día, su profesora de piano, una leyenda local con amable disposición y una ética sensata, le anunció que lo había programado para tocar en una competencia nacional. Él debería tocar un concierto completo frente a un jurado que calificaría su desempeño. Aunque Eric se rehusaba a tocar en un escenario tal, su profesora insistió, explicando que la presión sería buena para él.

Llegó la mañana del sábado de la competencia. Eric estaba extremadamente nervioso cuando llegó a su destino asignado, listo para terminar con todo eso. Había disponible un cuarto para practicar, de manera que Eric practicó su pieza repetidamente hasta que finalmente llegó la hora de enfrentar a los jueces.

Cuando entró al salón, Eric saludó ansioso a los tres consumados jueces y se dirigió hacia el piano de cola mignon. Aunque solía sentirse perfectamente cómodo al predicar frente a grandes multitudes, pensar en tocar frente a estos tres expertos en música lo perturbaba. Luego de exhalar lentamente, colocó sus dedos sobre las teclas y comenzó a tocar. Para su deleite, los primeros compases salieron perfectamente. Parecía que los meses de práctica habían valido la pena a medida que sus dedos tocaban cada tecla de manera impecable, moviéndose meramente de memoria. Su maestra sonrió en la habitación trasera, y Eric se relajó visiblemente mientras avanzaba en la introducción de la pieza asignada.

Pero su confianza no duró mucho tiempo; momentos después el desastre estalló. Sus manos se congelaron en las teclas, sin saber a dónde ir después. De forma inexplicable, Eric, el predicador pianista, había olvidado la siguiente nota.

Luego de una pausa que pareció una eternidad, intentó adivinar cuál sería la siguiente nota, pero ni siquiera estaba cerca de ser la correcta. Eric se avergonzó por el horrible sonido que salió de ese piano. Miró de reojo a los jueces ceñudos que marcaban su error. Apenado, sacudió la cabeza y tocó tiesamente otro acorde, pero este fue aún peor. Eric estaba desesperadamente perdido ahora. Nervioso. Confundido. En una búsqueda.

Sin saber qué hacer, Eric dejó por completo de tocar. Desmoralizado, agachó la cabeza. *¿Cómo pudo haber sucedido?*—pensó— *¡Practiqué mucho!* Mirando hacia el jurado, dijo avergonzado: "Lo siento mucho. Parece que he olvidado la pieza. Temo que si continúo solamente empeore. ¿Debo detenerme aquí?".

¿Debo detenerme aquí?

¿Sabe usted lo que se siente? ¿Alguna vez se ha encontrado tan atorado que no sabe cómo continuar? Atorado en un matrimonio paralizado. Atorado en un empleo sin futuro. Atorado en un estilo de vida poco saludable. Atorado en una incertidumbre acerca de su futuro. Usted practicó, se preparó, incluso oró, pero siente que no se dirige a ningún lado. Posiblemente usted sepa exactamente cómo se siente pensar: *Temo que si continúo solamente empeore. ¿Debo detenerme aquí?*

Yo también sé cómo se siente. En mi vida han habido muchas ocasiones en que sentí que había llegado a un callejón sin salida. Veces en las que pensé que si continuaba en la dirección en la que me dirigía, solamente empeoraría las cosas. He tenido obstáculos tal como usted. Hay días y situaciones que nos hacen detener nuestros pasos. Creo que es por ello que me consuela tanto la manera en que termina la historia de Eric.

Verá, en la tensión del momento, la profesora de piano de Eric se acercó a él desde donde estaba en la parte trasera del lugar. Los jueces voltearon sus sillas a medida que la profesora se acercaba tranquilamente a su desanimado alumno. Cuando llegó a él, ella se inclinó y le susurró al oído tres frases que cambiaron toda su disposición: "No te preocupes—dijo ella—. No es demasiado tarde. Puedes comenzar de nuevo".

Con una palmada en el hombro para tranquilizarlo, la profesora le guiñó el ojo con benevolencia y luego regresó a su asiento en la parte trasera. Todo cambió en ese momento para mi amigo. Aunque estaba atorado, descubrió que no tenía que quedarse atorado. En medio de la desesperación, esas palabras fueron exactamente lo que necesitaba escuchar: "No te preocupes. No es demasiado tarde. Puedes comenzar de nuevo".

A Eric nunca se le ocurrió que podría comenzar la pieza de nuevo. Hasta este momento, los eventos de toda su vida le enseñaron que los errores equivalían al fracaso, y no había retorno del fracaso. Es por ello que trabajaba tan duro, y es por ello que estuvo tan devastado en su predicamento. Pero esta oportunidad de intentarlo de nuevo cambió la temperatura del salón aquel día. Eric se tranquilizó, comenzó de nuevo y tocó más libremente que nunca antes. Ya no había ninguna presión por convencer a los jueces de que él era perfecto. Ellos lo vieron perder la ruta, pero le permitieron la oportunidad de encontrarla de nuevo. Y eso es exactamente lo que hizo. Tocó la pieza a la perfección la segunda vez, terminando con el aplauso de los comprensivos jueces y de su encantada profesora.

El susurro de la gracia

Cuando escuché esa historia, no pude evitar pensar que la profesora de piano de Eric le dijo algo eterno aquel día. Ella le susurró el idioma del cielo. Ella le susurró gracia. En un momento de desesperación, a un alma ansiosa que estaba desesperadamente atorada, ella le susurró lo que Dios nos susurra a todos nosotros: "No te preocupes. No es demasiado tarde. Puedes comenzar de nuevo".

Creo que en un momento u otro, todos nos perdemos en medio de nuestra canción. Un matrimonio fracasado, un sueño roto, una carrera decepcionante, un revés financiero o una lucha familiar que nos hace agachar la cabeza y preguntarnos por qué salieron mal las cosas. Asumimos que otros nos están mirando como un jurado de personas despiadadas que marcan con entusiasmo las notas que nos saltamos. Todavía peor, asumimos que Dios es el juez principal que desaprueba con atención la melodía que olvidamos. Con cada error o revés nos volvemos más nerviosos, seguros de que recibiremos una calificación reprobatoria.

Pero la Biblia nos da una imagen bastante diferente de Dios. A pesar de lo que le hayan dicho, Dios no se da por vencido con usted cuando se atora. Él no está sorprendido de su situación, y no está enfadado con usted. Dios no le da una calificación reprobatoria y luego continúa cruelmente con el siguiente alumno.

> *A pesar de lo que le hayan dicho, Dios no se da por vencido con usted cuando se atora.*

Estos pensamientos acerca de Dios son mentiras del enemigo. El diablo desearía que usted creyera que Dios es distante, que está desilusionado o que está listo para castigarlo cuando cometa errores. Debido a que Satanás desea destruir su vida (Juan 10:10), él repite estas mentiras tantas veces como sea necesario para que usted las crea.

Mentiras que nos mantienen atorados

Tener una perspectiva incorrecta de Dios nos mantendrá atorados. Ya sea que usted esté atorado en el dolor, la disfunción, la soledad, la incertidumbre, una deuda abrumadora o el temor, el diablo le mentirá acerca de Dios con el fin mantenerlo atorado en ese lugar para siempre. La primera mentira que creemos es que Dios está enfadado con nosotros. Nos imaginamos a Dios sentado en el cielo, frunciendo por nuestro fracaso, como un maestro de conducción intimidante que suspira fuertemente cuando no logramos estacionar en paralelo correctamente.

El diablo sabe que si caemos en la mentira de que Dios está enfadado y muy decepcionado de nosotros, puede evitar que tengamos una verdadera relación con Dios. Pasaremos nuestros días intentando ganarnos la aprobación de Dios o de impresionarlo con nuestras mejores acciones. Nos atoraremos en un ciclo religioso basado en el temor, y nunca experimentaremos la relación profunda y perdurable que Dios desea tener con nosotros. Y ciertamente no acudiremos al Señor cuando nos sintamos inseguros de a dónde ir o qué hacer después. Pero mire lo que dice Hebreos 4:16 (NTV) acerca de cómo podemos acercarnos a Dios:

> *Así que acerquémonos con toda confianza al trono de la gracia de nuestro Dios. Allí recibiremos su misericordia y encontraremos la gracia que nos ayudará cuando más la necesitemos.*

No solamente podemos acercarnos a Dios cuando estemos atorados, podemos acercarnos a Él "con toda confianza" y sin temor. No encontraremos a un Dios cruel, duro y enfadado; encontraremos su "misericordia" y su "gracia". ¡Él nos ama y está esperando ayudarnos en nuestro tiempo de necesidad!

Otra mentira que nos dice el diablo es que estamos solos. Él desea que confiemos en nosotros mismos en lugar de confiar en Dios, de manera que intenta hacer que pensemos que Dios nos ha abandonado. Esta es una mentira que muchos creen con bastante facilidad. Atrae nuestra naturaleza independiente y terminamos pensando cosas como: "Yo me metí en esto, ahora me aguanto"; o: "Yo hice este desastre, así que ahora creo que tengo que limpiarlo yo". Y luego andamos por el patético proceso de la superación personal.

Ahora, sí creo que debamos dar pasos para mejorar nuestra vida, pero esas cosas nunca ocupan el lugar de la completa dependencia en Dios. Cuando intentamos resolver nuestros problemas independientemente de Dios somos como los niños que intentan limpiar el derrame antes de que mami o papi lo vean: normalmente solo empeoramos las cosas.

Proverbios 3:5–6 dice: "Fíate de Jehová de todo tu corazón, y no te apoyes en tu propia prudencia. Reconócelo en todos tus caminos, y él enderezará tus veredas". Observe que no dice: "Reconócelo en *algunos* de tus caminos", y no dice: "Reconócelo en *casi todos* tus caminos". La Palabra de Dios dice: "Reconócelo en *todos* tus caminos".

> *Buena o mala, limpia o sucia, perdida o hallada, usted puede darle a Dios cada parte de su vida.*

Eso significa que nada queda fuera. Buena o mala, limpia o sucia, perdida o hallada, usted puede darle a Dios cada parte de su vida. ¡Usted puede confiarle a Él su vida incluso cuando esté atorado en una situación y no esté seguro de cómo llegó a ella, y ciertamente no sepa cómo salir! No escuche las mentiras del enemigo. Usted no tiene que esconderse de Dios por el temor de que esté enfadado o decepcionado, y no tiene que encontrar una manera de avanzar con su propia fuerza. Puede confiar en que Dios le mostrará el camino.

El redentor

Rut sabía cómo se sentía estar atorada. La Biblia nos dice que parecía como si toda su vida se hubiera desplomado a su alrededor. Su esposo durante diez años murió inesperadamente, Noemí (su suegra) se estaba mudando a otro país, y Rut no tenía adónde ir. Como usted debe saberlo bien, algunas veces los eventos inesperados son los que más perjudican, destrozando cruelmente los sueños que alguna vez tuvimos. Esto es lo que le sucedió a Rut; ella estaba caminando hacia una nueva y dura realidad.

A Rut le hubiera sido fácil rendirse y permanecer atorada. Ella pudo haber acampado justo donde estaba y vivido ese trauma para siempre. Nadie la habría culpado. Ella enfrentó un dolor que no pidió, un dolor profundo y trágico. Ella fue una víctima de sus circunstancias; circunstancias que arruinaron su vida. La decisión que Rut tenía que tomar era quedarse o no como víctima.

Pero Rut eligió liberarse. Ella le dijo a Noemí en Rut 1:16: "No me ruegues que te deje, y me aparte de ti; porque a dondequiera que tú fueres, iré yo, y dondequiera que vivieres, viviré. Tu pueblo será mi pueblo, y tu Dios mi Dios". Rut se embarcó audazmente en un viaje con Noemí y con Dios. Ella eligió una nueva familia, un nuevo lugar y un nuevo futuro. Rut se dio cuenta de que no era demasiado tarde para comenzar de nuevo.

Aunque la historia de Rut comienza con tristeza, termina con gran gozo. En su nueva vida, Rut conoce a un hombre llamado Booz. Booz es un hombre generoso con una gran fortuna, y él se enamora de Rut. Él le provee y la protege. El libro de Rut nos dice que Booz fue el redentor de Rut. Pagó un gran

precio para construirle a ella una nueva vida, una vida mayor
de lo que ella hubiera imaginado.

A medida que usted lea estas páginas, yo creo que Dios
desea hablarle a través de la vida de Rut. Su lucha es real, y yo
sé que no ha sido fácil. Nadie lo culparía si usted permaneciera
justo donde está, permitiendo que la vida avance sin usted. Posiblemente un cambio de vida repentino lo tiene añorando el
pasado. Tal vez una relación rota o una traición inesperada lo
tiene cuestionando cada cosa que alguna vez creyó cierta.

Pero usted, tal como Rut, tiene una decisión que tomar hoy.
Puede permanecer atorado, morando en los pensamientos ne-
gativos y viviendo en preocupación y en temor, o puede creer que Dios tiene algo mayor para usted. No es por accidente que usted haya elegido este libro; yo creo que Dios le está susurrando ahora mismo. Él desea que usted sepa que su vida no ha termi-

> Usted puede permanecer atorado, morando en los pensamientos negativos y viviendo en preocupación y en temor, o puede creer que Dios tiene algo mayor para usted.

nado. Él tiene un plan y un propósito para usted, y Él desea
que usted descubra una vida mayor que la que pudo haber
imaginado. Recientemente escuché decir a alguien: "¡Si no se
ha muerto, entonces no ha terminado!". ¡Por qué no declarar
que hoy es un día de nuevos comienzos!

La vida de Rut es más que una buena historia; es un mensaje de Dios para todo el que necesite comenzar de nuevo. Booz
es una imagen de Jesús. Tal como Rut se convirtió en la esposa
de Booz, la Palabra dice que nosotros somos la novia de Cristo
(Apocalipsis 22:17). Tal como Booz le dio a Rut una vida nueva,
la Palabra dice que nosotros tenemos una vida nueva en Cristo
(2 Corintios 5:17). Tal como Rut fue redimida, la Palabra dice
que nosotros también somos redimidos (Gálatas 3:13).

No importa cuánto mal hayamos hecho, o lo malo que nos

haya sucedido, Dios nos ve justo donde estamos y Él es nuestro Redentor. Nos está abriendo un nuevo camino. Si usted rechaza las mentiras del enemigo, ignora los juicios de los demás y aleja sus propios temores y preocupaciones, hoy escuchará la voz de Dios. No es un grito, no es un sermón. Es un susurro. Un susurro amable y reconfortante. Un susurro que dice: *No te preocupes. No es demasiado tarde. Puedes comenzar de nuevo.*

Resumen

- La gracia de Dios dice: "Nunca es demasiado tarde para comenzar de nuevo".
- Las mentiras del enemigo lo mantendrán atorado en su pasado.
- Dios no está enfadado con usted, y Él no está distante de usted.
- Usted puede acercarse a Dios sin temor y con confianza, Él le ofrece misericordia y gracia cuando la necesite.
- La decisión de permanecer atorado o creer en Dios para tener un nuevo comienzo es suya.

Un momento en que casi me atoré

Yo recuerdo que al principio de nuestro ministerio teníamos nuestro programa en un canal particular de televisión, una vez por semana. En ese tiempo sentía que ese era un canal clave donde estar. Un día, los ejecutivos del canal nos llamaron y nos dijeron que estaban cancelando nuestro contrato. La única razón que nos dieron fue que estaban tomando algunas decisiones sobre la nueva programación y decidieron quitar nuestra transmisión. Yo estaba realmente enfadada por la noticia. Me pregunté cómo era posible que simplemente rompieran nuestro contrato. Esta era una injusticia, y aunque yo estaba muy decepcionada, no había nada que pudiéramos hacer al respecto.

En los días siguientes, a medida que yo oraba por la situación, sentí que Dios me habló al corazón y me dijo que perdonara a quienes habían tomado esa decisión. Ahora, tengo que ser sincera: yo no deseaba perdonarlos. Estaba enfadada y decepcionada, pero por la gracia de Dios, decidí obedecer al Señor y perdonar a quienes nos trataron indebidamente. En lugar de atorarme en la ira y la decepción, confié en Dios y simplemente lo solté.

Aproximadamente un año más tarde, este mismo canal se puso en contacto con nosotros y nos pidió que regresáramos a su canal. No solamente una vez por semana, ni dos... ¡Ellos deseaban transmitir nuestro programa todos los días! En ese tiempo, esta era una enorme oportunidad para el ministerio, y todavía sigue siendo un testimonio de lo que Dios puede hacer cuando le entregamos a Él las situaciones.

De no haber obedecido lo que el Señor me estaba hablando acerca del perdón, yo habría estado atorada en la ira y la amargura. Creo firmemente que no habríamos recibido esa nueva oportunidad si yo no hubiera confiado en el Señor y salido de mi herida.

Ahora, nuestras transmisiones pueden verse en dos tercios del mundo. Dios nos ha llevado por un largo camino a partir de esos primeros días del ministerio, pero una cosa no ha cambiado: continuamos dependiendo de Él, y continuamos buscando obedecerle todos los días en todo lo que Él nos hable.

Buscar la voluntad de Dios, escuchar la voz de Dios, obedecer lo que Dios dice: ¡esto nos ayudará a desatorarnos siempre!

CAPÍTULO 2

Por qué hoy es diferente

"Dé el primer paso en fe. No tiene que ver toda la escalera, solo dé el primer paso".

—Martin Luther King, Jr.

Nadie dijo una palabra. La tensión en el aire era tan densa que podía cortarse con un cuchillo. La multitud se reunió en un silencio aturdidor, preguntándose: ¿Ella morirá? ¿Realmente van a matarla? ¿Jesús puede salvarla? En el centro de la corte del templo se encontraba la horrible fuente del drama. Los escribas y los fariseos, con piedras en mano, juzgaban a una mujer que había sido atrapada en adulterio, preguntando insolentemente: "La ley manda que tales mujeres sean apedreadas hasta la muerte. ¿Pero qué dices tú que hagamos con ella, cuál es tu sentencia?".

Nadie se movió mientras el destino de esta mujer maltratada y en lágrimas pendía de un hilo. Los acusadores estaban listos; la acusada era culpable; el castigo parecía inevitable. Fue entonces cuando Jesús dijo palabras tan profundas que hicieron que los acusadores se detuvieran y miraran su interior en lugar del exterior. Mientras se agachaba y escribía en la tierra, Jesús proclamó: "El que esté libre de pecado sea el primero en arrojar una piedra contra ella".

Tensión. Asombro. Silencio.

Los discípulos permanecieron alertas. Los espectadores oraron en silencio. Las madres cubrieron los ojos de sus hijos. Entonces sucedió. Lentamente, uno a uno, los enfadados oficiales religiosos tiraron sus piedras y se marcharon ofuscados. Con el perdón asegurado, la multitud soltó colectivamente un lento suspiro de alivio. No habría ninguna lapidación pública ese día. No si Jesús tenía algo que ver en ello.

Eso es lo que me imagino cuando leo Juan 8:1–11. Esta historia no es solo una anécdota casual; es un encuentro heroico, dramático y salvador con el Dios vivo. Es por ello que las multitudes amaban a Jesús: ¡Él nunca dejó de asombrarlos! Pero era más que solo el poder y la sabiduría de Jesús lo que acercaba a la gente a Él; era el hecho de que Él ofrecía algo nuevo.

En el Antiguo Testamento, la gente vivía de acuerdo con la Ley. Su única conexión con Dios era a través de los sacerdotes y a través de una serie de reglas y rituales que los mantenían a distancia de su Padre Celestial. Pero Jesús vino como Emanuel (Dios con nosotros). Él ofreció una nueva manera de relacionarse con Dios: directa, íntima y personal. Y junto con una nueva manera de relacionarse con Dios llegó una nueva forma de vivir para Él: todos los errores, todos los pecados y los delitos podían ser perdonados, y cada día ofrecía un nuevo comienzo.

Lo que Jesús le dice a la mujer pecadora luego de que los escribas y los fariseos tiraran sus piedras y se marcharan, es un ejemplo perfecto de la nueva vida que se encuentra en Cristo. Juan 8:10–11 dice:

> Enderezándose Jesús, y no viendo a nadie sino a la mujer, le dijo: Mujer, ¿dónde están los que te acusaban? ¿Ninguno te condenó?
> Ella dijo: Ninguno, Señor.
> Entonces Jesús le dijo: Ni yo te condeno; vete, y no peques más.

Momentos antes, la vida de esta mujer estaba en juego debido a sus pecados; no había duda de que fuera culpable. La Ley ordenaba el pago, y ella esperaba castigo. Pero Jesús ofreció algo mayor: una promesa.

Él la miró y le dijo lo mismo que Él nos dice a cada uno de nosotros hoy: "Vete, y no peques más". Jesús no estaba excusando su delito, y no estaba ignorando el poder destructivo que el pecado puede tener en nuestra vida. En cambio, Él estaba ofreciendo una nueva vida libre de pecado. Él estaba diciéndole a esta mujer quebrantada: *¡Hoy puede ser diferente!*.

Esto es lo mismo que Dios le dice a usted. *¡Hoy puede ser diferente!* ¡Hoy puede ser un lugar para comenzar de nuevo! Si su vida se ha tornado en una vida llena de preocupación, temor, pensamientos negativos, enfermedad, desesperación, pecado y remordimiento, hoy puede ser diferente. Usted no tiene que rendirse ante aquellas cosas que lo alejarían de la vida que Dios tiene para usted; posiblemente sucedió así en su pasado, pero no tiene que ser así en su futuro. ¡Usted puede comenzar de nuevo! Jesús está despidiendo a quienes le acusan y ofreciéndole una nueva oportunidad hoy. Hoy puede ser un nuevo comienzo.

> *Jesús está despidiendo a quienes le acusan y ofreciéndole una nueva oportunidad hoy. Hoy puede ser un nuevo comienzo.*

Cuatro maneras de hacer que hoy sea diferente de ayer

1. Decida vivir en manera diferente.

Si usted ha asistido a mis conferencias o ha leído mis libros anteriormente (en especial *Pensamientos de poder*), usted sabe que uno de mis dichos favoritos es: "Donde va la mente, el hombre sigue". Su manera de pensar determina su manera de vivir. Si usted cree que será derrotado, entonces va a tener una actitud de derrota. Si usted cree que cometerá los mismos errores que ha cometido en el pasado, entonces usted está dirigiendo su vida en la dirección equivocada. Demasiada gente anda por la vida como prisionera de sus propios pensamientos. Ellos se vuelven sujetos de cualquier pensamiento que entra en su mente.

Para experimentar el plan de Dios para su vida comience por recibir la gracia de Dios (su poder y habilidad) y a llevar cautivo cada pensamiento que vaya contra la Palabra de Dios. Los pensamientos negativos de derrota son lo que yo llamo "pensamientos apestosos" y no tienen cabida en la vida interior de un hijo de Dios. Posiblemente ayer permitió que su mente se enfocara en lo negativo—en lo que no puede hacer, en cuánto lo estropeó, en todas las cosas que pudieron salir mal—; pero ahora usted puede someter su mente a la Palabra de Dios. Hoy, usted puede decidir cuáles serán sus pensamientos.

Imagínese un asaltante de banco que ha robado y está huyendo de la escena del crimen. Los oficiales de la policía en servicio no lo dejan correr por la ciudad, provocando caos y causando estragos a los civiles. Ellos lo persiguen y lo llevan cautivo.

Con este ejemplo en mente, mire lo que Pablo dice en 2 Corintios 10:5: "...llevamos cautivo todo pensamiento para que se someta a Cristo" (NVI). Tal como deseamos que el departamento de policía proteja nuestra ciudad, Dios desea que nosotros guardemos nuestra mente. Solamente después de haber perseguido y tomado cautivo todo pensamiento negativo es que podemos tener la vida a la que Dios nos ha llamado a vivir. Nuestra mente debe ser renovada si deseamos la vida buena que Dios nos ha proporcionado en Cristo (Romanos 12:2).

Con la ayuda del Espíritu Santo, usted puede cambiar sus pensamientos hoy. Usted puede decidir vivir diferentemente.

Pero nosotros entendemos estas cosas porque tenemos la mente de Cristo (1 Corintios 2:16, NTV).

2. Alabe hasta obtener la victoria.

En Hechos 16, Pablo y Silas fueron azotados y encerrados en prisión por predicar la Palabra de Dios. A diferencia de la mujer que fue sorprendida en adulterio y necesitaba ser rescatada por su pecado, estos dos misioneros necesitaban rescate por causa de su celo por Dios. Mire, los obstáculos de nuestra vida no siempre llegan porque hicimos algo mal. A veces Dios permitirá que pasemos por ciertas dificultades de manera que su gloria pueda ser revelada. Si usted es fiel en la incertidumbre, Él hará algo mucho mayor en su vida de lo que haya podido imaginar.

Esto es lo que les sucedió a Pablo y a Silas. El entorno era deprimente. Su perspectiva era desalentadora. Lo único que no era deprimente en su situación era su actitud. Pablo y Silas no culparon a Dios de su encarcelamiento; ellos le alabaron a pesar de eso. Aunque su cuerpo estaba encadenado, su espíritu se levantó libre cuando le entonaron canciones de alabanza y adoración a Dios.

Y no alabaron solamente unos cuantos minutos; ellos alabaron el tiempo que fue necesario. El versículo 25 dice que estaban orando y cantando himnos "a medianoche", cuando Dios sacudió su celda y fueron liberados. Ellos no se detuvieron a las 10:00 p.m.; no se rindieron a las 11:00 p.m.; ellos alabaron hasta que su problema se derrumbó delante de ellos.

Yo deseo animarle a desarrollar una vida de alabanza. A pesar de lo que esté pasando hoy, encuentre algo por lo cual alabar a Dios. Usted puede estar en la cima del mundo—los niños están obteniendo buenas calificaciones, su empleo no se siente como "trabajo", su cónyuge está ayudando en la casa, su salud es estupenda y usted encontró grandes ofertas en el centro comercial—, bien, *¡alabe a Dios!* Dedique tiempo para adorar a Dios por todas sus bendiciones en su tiempo a solas con Él.

O puede sentir que el mundo está encima de usted—sus hijos están causando problemas, su empleo es estresante, su cónyuge lo está enloqueciendo, el médico le dio noticias desfavorables y el vendedor le cobro de más—, bien, *¡alabe a Dios!* Continúe adorando a Dios por su bondad, incluso cuando sienta que está en una circunstancia adversa. Tal como Pablo y Silas, encuentre lo bueno en cada situación y alabe a Dios con todo su corazón. Su alabanza es el camino hacia su victoria.

Te bendeciré mientras viva, y alzando mis manos te invocaré (Salmos 63:4, NVI).

3. Deje que Dios se encargue del proyecto de construcción.

A veces parece que la vida que hemos construido, o que nos hemos negado a construir, limita nuestro potencial. Hicimos un desastre el año pasado, el mes anterior o la semana pasada, de manera que sentimos que tenemos que sufrir las consecuencias ahora. Esto nos lleva a sentirnos desesperanzados al asumir que nada cambiará. Yo conozco a mucha gente que se encuentra en esta situación y piensan que la respuesta a su problema es intentar más duro. Ellos saben que lo que han construido es inestable, pero en lugar de detenerse y buscar dirección del Señor, simplemente continúan siguiendo su propio camino. Son como un constructor que comienza con el segundo piso, mientras el primer piso sigue incompleto.

Si usted está frustrado con sus propios esfuerzos y siente que necesita dirección, le sugiero que le entregue el proyecto de construcción a Dios. Estudie la Palabra de Dios, dedique tiempo en oración, aprenda a escuchar su voz y haga lo que Él diga. Confíe en que Dios es bueno y Él tiene un buen plan para usted, y esté dispuesto a obedecerle incluso cuando Él le diga que detenga lo que esté haciendo o le ordene hacerlo de manera diferente. Si usted está batallando con su matrimonio, posiblemente Dios le pida a *usted* que cambie... aunque usted desee que su cónyuge cambie. Si está teniendo dificultades económicas, posiblemente Dios le diga que gaste menos... incluso cuando usted desee que Él le dé más. Si está cansado y malhumorado, Dios puede decirle que cambie su dieta y descanse más... aunque a usted le gusten los caramelos y su horario agitado.

> Si usted le entrega a Dios la construcción de su vida, Él construirá algo hermoso.

El asunto es este: si usted le entrega a Dios la construcción de su vida, Él construirá algo hermoso. No es casualidad que Jesús fuera un carpintero: Dios es el constructor maestro. Él diseñó el arca, el Tabernáculo, el Templo y la Iglesia primitiva. Él desea igualmente diseñar y construir su vida. Pero Él no va a arrebatarle la construcción a la fuerza; Él desea que usted se la entregue.

> *Si Jehová no edificare la casa, en vano trabajan los que la edifican; si Jehová no guardare la ciudad, en vano vela la guardia (Salmos 127:1).*

4. Comprenda que su historia no es su destino.

Me encanta lo que dice Lamentaciones 3:23 acerca de la misericordia de Dios en nuestra vida. En este versículo, Jeremías dice que las misericordias de Dios son nuevas y frescas cada mañana. ¡Qué hermosa imagen! Así de certero como el sol se levantó hoy para ahuyentar la oscuridad del horizonte, la gracia y la misericordia de Dios se levantarán para ahuyentar las tinieblas de nuestra propia vida. Cada día es nuevo y diferente, lleno de una fresca porción de la misericordia y la gracia de Dios.

Mientras pensemos que el mañana depende del ayer, nuestro futuro nunca será diferente de nuestro pasado. Dios envía sus misericordias frescas cada mañana, pero nosotros tenemos que recibirlas. Lo mejor que podemos hacer acerca del ayer es olvidarlo. Hayamos tenido éxito o fracaso, ya terminó. Es tiempo de mirar hacia delante.

> *¿Quién hizo y realizó esto? ¿Quién llama las generaciones desde el principio? Yo Jehová, el primero, y yo mismo con los postreros (Isaías 41:4).*

Me encontré con una poderosa historia acerca de una persona que venció obstáculos para hallar una vida diferente en Dios. Creo que lo animará.

Steven Lavaggi era un artista gráfico con toneladas de talento y mucho potencial. Su vida fue bastante normal comparada con el estándar. Se casó, tuvo un hijo y estaba trabajando para construir su carrera y una vida para su familia. Eso fue antes de que su vida se derrumbara. Un día, la esposa de Steven lo dejó inesperadamente por un escritor de la revista Rolling Stone. Steven se quedó y crió solo a su hijo. Esto se volvió un desafío todavía mayor cuando, justo diez días luego de que su esposa lo dejara, le diagnosticaron diabetes juvenil a su hijo. Poco tiempo después Steven perdió su negocio de artes gráficas, y su vida quedó en completa desesperación.

Al estar rodeado de problemas, Steven acudió a Dios para obtener respuestas. Él había sido abandonado, estaba quebrado y lleno de preocupación; esta era una situación que solamente Dios podía reparar. De manera que una noche, sentado en el suelo de su habitación, comenzó a buscar en la Biblia para obtener respuestas. Cuando leyó acerca del amor de Dios y el regalo de Jesús, la Biblia cobró vida para él. Fue transformado para siempre. En ese momento, en el frío suelo de madera de su habitación, Steven Lavaggi le entregó su vida a Dios.

A medida que buscaba el plan de Dios para su vida, desarrolló una pasión por crear esperanza para quienes lo rodeaban. Ya que él vivió sin esperanza durante una temporada, sabía cuán poderosa podía ser la esperanza al inundar la vida de alguien. Luego de leer Salmos 91:11 (Pues a sus ángeles mandará acerca de ti, que te guarden en todos tus caminos), utilizó sus talentos para pintar un ángel. Cuando un amigo lo animó a hacer el ángel tridimensional, trabajó con un escultor para moldear la imagen.

Las primeras ediciones de esas figuras se convirtieron en una sensación instantánea, pero Dios tenía un propósito mayor para el ángel. Más tarde, mientras hablaba en Soweto, Sudáfrica, como invitado del Parlamento, Steven elevó uno de los ángeles para que la multitud de 3 500 personas lo viera. El ángel tenía un terminado de pátina color negro. Cuando elevó la escultura, la audiencia dio un salto, estallando en gozo. Un hombre que estaba en el estrado le dijo que días antes, un predicador había declarado: "Una de las cosas que necesitamos es que los artistas internacionales expresen el amor de Dios a través del arte, que posiblemente incluso pinten de negro a los ángeles".

Cuando escuchó esto, Lavaggi tomó un ángel blanco y lo elevó por sobre su cabeza, y dijo: "Estos ángeles fueron creados para ser como hermanos y hermanas, como nosotros debemos ser". Más tarde, cuando pensó acerca de ese momento, decidió llamar las esculturas Los ángeles de la reconciliación. Ese conjunto de ángeles se vendió en una subasta en Ciudad del Cabo y fueron presentados como obsequio para Nelson Mandela. Ahora, Steven es conocido como el "Artista de la esperanza", y su trabajo es visto en todo el mundo.

Las decepciones personales de Steven Lavaggi fueron transformadas en triunfos eternos. Aunque enfrentó días difíciles, Dios estaba ahuyentando a los acusadores, derribando la prisión y construyendo una nueva vida. Su nuevo día fue diferente de su antiguo dilema, porque decidió hacer algo nuevo para Dios.

Hay un mensaje para nosotros en la historia de Steven. Cuando los días difíciles comienzan a amontonarse, cuando los resultados desfavorables comiencen a llover y cuando usted comience a preguntarse si eso es la nueva normalidad de su vida, recuerde que hoy puede ser diferente. Decida vivir de manera diferente; alabe hasta obtener la victoria; entréguele a Dios el proyecto de construcción y comprenda que su historia no es su destino. Cuando lo haga, descubrirá algo nuevo. Su vida será más que una anécdota trivial. Será el encuentro heroico, dramático y salvífico con el Dios viviente lo que le dará esperanza y entusiasmo para cada día.

Resumen

- Nunca es demasiado tarde, porque a Jesús le encanta hacer cosas nuevas.
- Con la ayuda del Señor usted puede decidir vivir de manera diferente.
- La alabanza es un camino hacia la victoria.
- Cuando usted le entrega a Dios la construcción de su vida, Él edifica algo hermoso.
- El ayer no lo define. Las misericordias de Dios son frescas y nuevas cada mañana.

> *"Este nuevo día es demasiado apreciado, con sus esperanzas e invitaciones, como para desperdiciar un solo momento en los ayeres".*
>
> —Ralph Waldo Emerson

CAPÍTULO 3

Supere su pasado

*"No puede comenzar el próximo capítulo de su vida si
continúa releyendo el anterior".*

—Anónimo

El 23 de julio de 1996, mientras la Guerra Fría continuaba en
la consciencia nacional y los ojos del mundo seguían puestos
en ella, la gimnasta olímpica Kerri Strug tomó el papel protagó-
nico. El programa estadounidense femenil de gimnasia nunca
había ganado una medalla de oro por equipo, pero si Strug
podía obtener una calificación casi perfecta en este último
evento, su equipo, conocido como "Las siete magníficas", haría
lo imposible: llevarse a casa una medalla de oro, venciendo así
al talentoso equipo ruso.

Las cámaras de televisión de todo el mundo se acercaron al
rostro de la gimnasta de Tucson, Arizona, mientras ella miraba
el único aparato que la separaba de la historia: el infame caballo. Strug bloqueó el pulsante dolor de su gravemente herido
tobillo, pensando solamente en las palabras que su entrenador
acababa de decirle: "Kerri, estamos pensando que salgas una
vez más. Te necesitamos una vez más para el oro". El dolor era
intenso, pero ella estaba determinada a vencerlo. Después de
todo, Kerri Strug ya había vencido el dolor antes.

Dos años atrás, en una competencia preliminar para las nacionales, Kerri se cayó violentamente mientras competía en las
barras asimétricas. Su arco hacia atrás desde la barra superior
casi le fractura la espalda. El dolor fue tan severo que ella se re-
torció en la colchoneta, llorando: "Ayuda. Por favor. Ayúdame.
Por favor, Señor". Mientras el equipo médico la atendía, muchos

pensaron que la carrera de Kerri había acabado. En los meses siguientes, mientras ella pasó por la difícil tarea de rehabilitar su terriblemente lastimada espalda, las dudas abundaron. Incluso si podría regresar físicamente de la lesión, ¿podría ser la misma psicológicamente? ¿Podría superar una caída tan traumática?

En estas olimpiadas de 1996, justo 24 meses después, ella estaba lista para responder aquellas dudas cuando comenzó a correr hacia el caballo cargando en los hombros las esperanzas de una nación. Ella se desempeñó tan perfectamente en el caballo que la multitud de Atlanta supo en el segundo que cayó que los estadounidenses ganarían el oro. Todos se volvieron locos, eufóricos por acabar de ser testigos de la historia.

Las imágenes en que Kerri Strug está parada en una pierna ante los jueces y aquellas en que su entrenador la cargó hasta el podio de medallas, continúan siendo algunas de las imágenes más inspiradoras de la historia olímpica estadounidense. Pero nada de eso habría sido posible si Kerri Strug hubiera dejado que su pasado la detuviera.

La clave de su victoria

Creo que Dios tiene una historia de medalla de oro para cada uno de nosotros. Él desea que disfrutemos una vida que venza obstáculos y aproveche las oportunidades. Hebreos 12:1 dice que nuestra vida es como una carrera, y que nosotros tenemos "en derredor nuestro tan grande nube de

> *Hay mucha gente que no está experimentando la victoria ahora porque están enfocados en el ayer.*

testigos". Yo creo que esos testigos nos están aclamando a medida que corremos nuestra carrera, deseando volverse locos por nuestro triunfo en Cristo.

Pero existe una clave esencial para nuestra victoria: tenemos que colocar el pasado en el pasado. Eso es muy importante.

Hay mucha gente que no está experimentando la victoria ahora porque están enfocados en el ayer. Pasan sus días aliviando el viejo dolor. Están amargados y resentidos, atorados en una prisión de dolor y decepción. Cuando cierran sus ojos, ellos no ven los sueños del mañana; solamente ven la devastación del ayer. En otras palabras, una antigua caída les está deteniendo de una nueva victoria.

Si usted desea experimentar nuevas victorias en Dios tendrá que dejar ir el pasado.

- Si desea ver a Dios hacer cosas nuevas en su matrimonio, usted tiene que olvidar algunos dolores antiguos.
- Si desea tener una nueva victoria en su salud, usted tendrá que cambiar algunos comportamientos del pasado que son poco sanos.
- Si desea experimentar un gozo nuevo, usted tendrá que entregarle al Señor aquellas preocupaciones y ansiedades.
- Si desea ir a un nuevo nivel en Dios, usted tendrá que perdonar a las personas que lo lastimaron en el pasado.

Si el apóstol Pablo hubiera elegido vivir en el pasado, él nunca habría logrado tanto para Dios. Normalmente pensamos en los grandes triunfos de Pablo, pero hubo muchas cosas en su pasado que tuvo que superar.

Antes de que Pablo (entonces conocido como Saulo) fuera confrontado por Jesús de camino a Damasco, perseguía a los creyentes de la primera Iglesia. Su trabajo era cazar y apresar a los cristianos. Hechos 7:58 registra que Pablo estuvo cerca cuando Esteban fue apedreado, y que incluso sostuvo las capas de los hombres que lo apedrearon.

Desde luego, Pablo fue poderosamente salvado más tarde, pero pronto descubrió que los discípulos estaban escépticos de su conversión. Ellos no deseaban tener mucho qué ver con él. Bernabé fue el único que se levantó y respondió por él. También es importante observar que Pablo fue intensamente perseguido por su fe. No siempre les predicó a multitudes agradecidas. En más de una ocasión fue encarcelado, golpeado e incluso dejado por muerto fuera de las puertas de la ciudad.

Pablo pudo haber dejado que su pasado lo alejara de su futuro. Imagínese que el hubiera pensado: "¡Ay, Dios nunca podrá usarme! He cometido demasiados errores. Perseguí a su Iglesia"; o: "Nadie me cree. Ni siquiera los discípulos confían en mí. ¿Cómo puedo realizar algo?"; o: "No puedo creer que intentaran matarme. ¡Nunca más confiaré en la gente!".

¿No está usted alegre de que él no haya dicho eso? Pablo decidió hacer lo que necesitaba hacer: colocar el pasado en el pasado. Escuche sus palabras en Filipenses 3:13–14:

> *...Una cosa hago: olvidando ciertamente lo que queda atrás, y extendiéndome a lo que está delante, prosigo a la meta, al premio del supremo llamamiento de Dios en Cristo Jesús.*

Pablo aprendió el poder de superar su pasado. Él hizo su objetivo—su *única aspiración*—olvidar lo que estaba detrás de él, y Dios lo utilizó poderosamente. Me pregunto qué pasaría en su vida si usted hiciera de su única aspiración dejar el pasado en el pasado. Solo imagine lo que Dios podría hacer en su vida si usted dejara de enfocarse en los eventos del ayer. Yo creo que Él revolucionaría totalmente cada aspecto de su vida.

Aquí hay tres cosas que Dios me ha enseñado acerca de dejar el pasado en el pasado:

1. Perdone a quienes lo lastimen.

Yo sé cómo se siente experimentar dolor en esta vida. Cuando era pequeña, mi padre abusaba sexualmente de mí, y me tomó muchos años recibir sanidad y llegar a un punto en el que pude perdonarlo. Simplemente no me parecía justo perdonarlo cuando yo era quien había sido lastimada. Pero Dios me mostró que al aferrarme a esos pensamientos de amargura y falta de perdón no estaba lastimando a mi padre, me estaba lastimando a mí.

La amargura sin resolver es un ancla que no solamente nos retiene, sino que nos arrastra. Provoca que permanezcamos en el pasado, mitigando el dolor todos los días y alejándonos cada vez más de Dios. Entre más tiempo nos aferremos al abuso, la traición, el rechazo o la injusticia, más lejos estaremos de nuestro destino.

Cuando perdonamos, le permitimos a Dios que lidie con la persona que nos lastimó. Nos movemos de la posición de juicio (una posición que de todos modos no era nuestra), y dejamos que Dios se encargue del pecado que se cometió en contra nuestra. Usted se asombrará de lo mejor que se sentirá—física, emocional y espiritualmente—cuando decida soltar la amargura de la falta de perdón. No piense en cuán injusto es; solo hágalo porque Dios se lo ha pedido, y porque usted confía en Él y en sus caminos.

Observe que dije: "cuando usted decida soltar" la amargura. El perdón es una decisión. No sucede por casualidad. Usted debe decidir que resistirá los intentos del diablo por mantenerlo pensando en el dolor pasado y luego dependa del poder del Espíritu Santo para que le ayude a intentar ser obediente a la Palabra de Dios. Perdonar a la persona que lo lastima es una decisión, un acto de obediencia a Dios. Cuando usted da este paso de fe y decide perdonar, es como entrar en una nueva vida.

2. Suelte sus errores del pasado.

¿Sabe usted lo que Dios hace con los pecados y los errores de su pasado? ¡Los olvida! Hebreos 8:12 dice que Dios ya no recuerda nuestros pecados. Su perdón es un regalo gratuito, y está disponible todo el tiempo. Le insto a dejar de recordar lo que Dios ha olvidado.

No importa cuán duro lo intente, usted va a cometer errores;

todos los cometemos. Los errores son parte de la vida. La manera en que respondemos a esos errores es importante para poder comenzar de nuevo. Eso no significa que no intentemos tomar las decisiones correctas y honrar a Dios en cada aspecto de nuestra vida; significa que no vivamos en todo lo que hicimos equivocadamente. Golpearnos una y otra vez por nuestros pecados y errores del pasado evitará que creamos en Dios para nuestro futuro. La culpabilidad drena la energía; nos debilita y literalmente nos lleva de vuelta al mismo comportamiento erróneo del que deseamos ser libres.

Demasiados cristianos tienen una "mentalidad de gusano". Andan por ahí diciendo: "Pobre de mí. Soy un pecador. Soy un humilde gusano". Pero eso no es lo que la Palabra dice de usted. La Palabra de Dios dice que usted es la justicia de Dios en Cristo Jesús (2 Corintios 5:21). ¿A qué va a creerle: a su vergüenza o a su Biblia? Oro que usted elija creerle a su Biblia. Los errores de su pasado no lo definen; la Palabra de Dios sí.

Rehúsese a pasar sus días enfocado en sus errores. No se siente a pensar y hablar acerca de sus fracasos pasados. Déjelos ir y permita que Dios saque belleza de las cenizas. Tenga esperanza sabiendo que Dios redime cada situación. Él puede usar los errores de su pasado para prepararle para su futuro. Los errores que cometió, las lecciones que aprendió, el perdón que recibió: Dios puede usarlo todo para prepararle para una vida asombrosa con Él.

> *Los errores que cometió, las lecciones que aprendió, el perdón que recibió: Dios puede usarlo todo para prepararle para una vida asombrosa con Él.*

3. No viva en sus éxitos del pasado.

Muchas personas intentan pelear nuevas batallas con antiguos planes de batalla. Han tenido éxitos en el pasado, de manera que cuando se enfrentan con un nuevo desafío asumen que pueden resultar victoriosos al responder de la misma manera que lo hicieron la semana anterior, el mes anterior o el año anterior. En lugar de buscar a Dios para ver lo que Él desea hacer en este nuevo día, ellos intentan revivir lo que Él hizo la última vez. Esta conexión con los "días de gloria" anteriores los mantiene atados al pasado, perdiéndose de algo nuevo y fresco que Dios desea hacer en el día presente.

Es muy fácil acomodarse, celebrando las prácticas del pasado. Cuando alguien le pregunta por qué hace algo, a menudo la respuesta es la misma: "¡Porque así es como siempre lo hemos hecho!". He escuchado esta respuesta de personas, organizaciones e incluso iglesias. Pero usted necesita darse cuenta de que los triunfos del pasado pueden ser tan peligrosos como las derrotas. Cualquier cosa que coloque su enfoque en lo que *solía ser* en lugar de lo que *puede ser*, lo alejará de lo mejor de Dios.

Dios siempre está dándole nuevas estrategias a su pueblo. En 2 Samuel 5, Dios le instruyó a David que atacara directamente a los filisteos; David obedeció y los israelitas ganaron una gran victoria. En los siguientes versículos, los ejércitos filisteos se reagruparon y vinieron una vez más contra el pueblo de Dios. En lugar de asumir que las estrategias del pasado funcionarían, David consultó al Señor otra vez. Esta vez, Dios dijo: "No ataquen igual que la última vez", y le dio a David una nueva estrategia de guerra. ¡Una vez más se ganó la batalla! El resultado fue el mismo, pero el trabajo fue diferente.

Yo creo que Dios desea que usted confíe en Él para una nueva estrategia de guerra. Si está frustrado hoy porque los antiguos métodos no están funcionando en su matrimonio, en su familia, sus finanzas, su carrera o su ministerio, realice lo que David hizo: pídale a Dios que le dé un nuevo plan. Es grandioso sacar fuerza de las victorias pasadas, pero Dios desea que nos acerquemos a Él, creyendo que obtendremos algo nuevo y fresco que Él desea hacer en el presente. Aunque Dios nos instruya a hacer lo mismo que hicimos la última vez necesitamos una fresca unción que viene de buscar a Dios al principio de cada emprendimiento.

Usted es una nueva persona en Cristo

Al estudiar la vida de Pablo vemos que él ponía en práctica los tres pasos con regularidad. Escribió acerca del perdón, se negó a habitar en sus pecados pasados y confió en el Señor para obtener una nueva dirección todos los días.

Pablo pudo vivir de esta manera, porque descubrió que nunca era demasiado tarde para comenzar de nuevo. Él era una nueva persona en Cristo. Pablo no era producto de su pasado; fue hecho nuevo por gracia. Mire lo que dice en Gálatas 2:20:

> . . . *Ya no vivo yo, mas vive Cristo en mí; y lo que ahora vivo en la carne, lo vivo en la fe del Hijo de Dios, el cual me amó y se entregó a sí mismo por mí.*

Esas son las palabras de un creyente que está celebrando la muerte de su antigua vida. Pablo está diciendo: "Yo tengo una nueva vida en Cristo. Ya no soy quien solía ser. Dios tiene algo grandioso para mi futuro". Debido a que Pablo decidió tener una nueva vida en Cristo, su pasado ya no pudo retraerlo.

Cuando pienso acerca del hecho de que Pablo redescubriera su identidad en Cristo, me acuerdo de una historia que leí acerca de un joven que enfrentó un desafío difícil:

> *Hace años, en las montañas de Tennessee, nació el bebé de una joven mujer soltera. En aquellos días, y en esa parte de la ciudad, ser un hijo ilegítimo era un escándalo. Este pequeño creció sin conocer a su padre y siendo muy ridiculizado por la comunidad local. Él nunca aparecía en público sin estar dolorosamente consciente de que no tenía padre.*
>
> *Un domingo, cuando tenía aproximadamente diez*

años, asistió a la iglesia. Escuchó que había un nuevo pastor en la ciudad, y sentía curiosidad de escuchar hablar a este predicador. El muchacho llegó tarde a la iglesia y planeó salirse temprano. Esa era la práctica normal cuando asistía a la iglesia; simplemente era más fácil esconderse que enfrentar las vergonzosas preguntas acerca de su familia. Pero ese domingo, el predicador dijo la bendición tan rápidamente que la multitud alcanzó al chico y tuvo que salirse junto con todos los demás.

Justo cuando llegó a la salida, sintió una grande mano sobre su hombro. Volteó y vio al predicador que le sonreía. Con una voz retumbante, el predicador preguntó: "¿Quién eres, hijo? ¿De quién eres?". Teniendo todas las miradas sobre él, el chico sintió que el peso de la antigua vergüenza se asentó sobre sus hombros. Incluso el predicador lo catalogaría como "ilegítimo". Se congeló, sin saber cómo responder a la pregunta que todos le habían hecho toda su vida: "¿Quién eres, hijo? ¿De quién eres?".

En ese instante de silenciosa vacilación, bajo la mirada de toda la iglesia, el nuevo predicador estudió el rostro del chico y asintió con una sonrisa deliberada. Al comprender el momento, declaró: "Espera un minuto. Yo sé quién eres. Puedo ver el parecido a tu familia. Tú eres un hijo de Dios". Con una palmada en el hombro del chico, el nuevo predicador continuó: "Tienes una gran herencia, hijo. ¡Ve a reclamarla!".

Ben Hooper nunca olvido lo que el predicador le dijo aquel día. Ni cuando terminó la preparatoria, ni cuando se graduó de la universidad, ni cuando sirvió durante dos períodos como gobernador de Tennessee. A Ben le encantaba contarle a la gente la historia de su nueva identidad: un hijo de Dios.

Aunque los detalles sean diferentes, la historia de usted es muy similar a la historia de Ben... y a mi historia... e incluso a la historia del apóstol Pablo. Dios lo redimió hermosamente de su pasado. Usted ya no es definido por lo que hizo o por lo que alguien le hizo. Dios se ha encargado de su pasado, y le espera un asombroso futuro.

Él está reescribiendo su historia y remodelando su identidad. En la narración de Dios, los ignorados se vuelven reyes, las prostitutas se vuelven heroínas y los perseguidores se vuelven apóstoles.

Su vida está en Cristo. Su futuro es brillante. ¡Vaya a reclamar su herencia!

Resumen

- La victoria del presente requiere que usted deje el pasado en el pasado.
- Es hora de que perdone a la persona que lo lastimó. Deje que Dios se encargue de ello.
- No se enfoque en los errores del pasado. Aprenda de ellos y avance.
- Busque a Dios para la estrategia de hoy. Él tiene un nuevo plan para su vida.
- Nunca lo olvide: ¡usted es una nueva persona en Cristo!

Suelte el pasado

Dos amigos estaban hablando, cuando uno le resaltó al otro:

—Amigo, luces muy deprimido. ¿En qué estás pensando que puede hacerte lucir tan deprimido?

Su amigo respondió rápidamente:

—En mi futuro.

—¿Tu futuro? —le preguntó su amigo— ¿Qué es lo que podría hacerlo lucir tan desesperanzador?

Ante lo cual el amigo cabizbajo suspiró y dijo con tristeza:

—Mi pasado.

"Deje el pasado en el pasado. ¡Cada día con Dios es un nuevo día!".

—Joyce

CAPÍTULO 4

Nunca es demasiado tarde

*"Comience por hacer lo necesario; luego haga lo posible,
y de pronto estará haciendo lo imposible".*
—San Francisco de Asis

En estos días, los programas de cocina son muy populares. Los chefs famosos y los expertos en comida tienen tal abundancia que tenemos que multiplicar los canales que están solamente dedicados a la cocina. Si a usted le gusta ver esos programas, posiblemente haya escuchado de uno que se transmite en *Food Network* llamado *Chopped*.

Chopped presenta diferentes cocineros que compiten entre sí en una variedad de desafíos de cocina. En cada ronda, se les da a los chefs un conjunto de ingredientes con los cuales cocinar, y un límite de tiempo para preparar un platillo. Al final de cada desafío, usted ve a los chefs corriendo con locura por toda la cocina, intentando colocar sus platillos en el plato, mientras el anfitrión da la cuenta regresiva desde diez.

10...9...8...7...6...5...4...3...2...1...

¡SE ACABÓ EL TIEMPO!

Si un chef no tiene el platillo listo antes de que termine el tiempo, normalmente lo envían a casa de inmediato. La comida puede tener un grandioso sabor, pero no importa, el chef se tardó demasiado.

Cuando pienso en esos chefs que corren por toda la cocina tan apresuradamente, me siento agradecida de que nuestra relación con Dios es muy diferente de esa imagen. Dios no está apresurado, ni ansioso, ni tenso; y Él tampoco desea que sus hijos lo estén. Con Dios no hay cuentas regresivas, y con Dios nunca es demasiado tarde. Nunca es demasiado tarde para soñar. Nunca es demasiado tarde para orar. Nunca es demasiado tarde para creer. Nunca es demasiado tarde para entregarse. Y *nunca* es demasiado tarde para comenzar de nuevo.

Este concepto puede sernos un tanto duro de comprender en lo natural, porque vivimos gran parte de nuestra vida temiendo las palabras "demasiado tarde". Si no asistimos a la universidad luego de la preparatoria, ya será "demasiado tarde". Si no nos casamos a cierta edad, ya será "demasiado tarde". Si no tenemos hijos antes de cierta edad, ya será "demasiado tarde". Si no nos ascienden en la empresa más rápidamente que a otra persona, o si no comenzamos a ahorrar dinero para el retiro ahora, ya será "demasiado tarde". La lista continúa y continúa.

La verdad es que vivimos en un mundo que está gobernado por el tiempo, y está bien tener ciertas metas y ser responsables con el tiempo que Dios nos da; sin embargo, cuando comenzamos a tener una vida apresurada y llena de estrés porque estamos intentando lograr nuestros propios planes en nuestro propio tiempo, estamos viviendo muy alejados de lo mejor que Dios tiene para nosotros.

> Cuando comenzamos a tener una vida apresurada y llena de estrés porque estamos intentando lograr nuestros propios planes en nuestro propio tiempo, estamos viviendo muy alejados de lo mejor que Dios tiene para nosotros.

Yo creo que es por eso que la gente se aflige por los sueños sin realizar: debido a que no han logrado lo que ellos han planeado cumplir a cierta edad o etapa de la vida, asumen que el sueño está muerto. Como cualquier muerte, la muerte de un sueño trae consigo etapas de aflicción. Si algún sueño suyo ha expirado, esto puede parecerle familiar:

En primer lugar está el estado de negación: *Ni siquiera me importaba en realidad.*

Luego la ira: *No es justo que los demás tengan éxito en lo que yo he fracasado.*

Después la negociación: *Dios, si tú haces que esto suceda, yo te entregaré... llene el espacio.*

Más tarde la depresión: *Soy un fracaso. Mi vida es terrible. Qué desperdicio.*

Y finalmente, la aceptación: *Ah, bien. Nunca va a suceder. Obviamente es demasiado tarde.*

Las esperanzas, los sueños, los planes y las ambiciones que operen en su propia agenda, siempre serán una fuente de frustración: siempre habrá una cuenta regresiva y temor de que sea demasiado tarde. Pero esos mismos esperanzas, sueños, planes y ambiciones sometidos a Dios, y confiados a su agenda, siempre serán una fuente de vida... porque con Dios nunca es demasiado tarde.

Justo en el tiempo correcto

Sara tenía 90 años de edad cuando escuchó que el Señor le dijo a Abraham que iba a dar a luz a un hijo (Génesis 18). Estando tristemente consciente de que era estéril y que la edad reproductiva había pasado, la Biblia nos dice que Sara se rio de solo pensarlo. Ahora bien, esa no fue una risa de gozo, sino más bien una risa de incredulidad. Sara pensó: "¿A mi edad? Claro. ¡No hay posibilidad!".

Resultaría muy fácil categorizar las burlas de Sara como una simple falta de fe, pero su respuesta es un poco más compleja que eso: esta es la respuesta de alguien que ha sufrido la pérdida de su sueño.

En su cultura, la fertilidad era lo que les daba valor a las mujeres. Si no podía tener hijos, ella era inútil para su esposo e inútil para la comunidad. Entonces imagínese con lo que

Sara tuvo que lidiar toda su vida adulta: sus propios instintos maternos no son satisfechos, su matrimonio ha soportado la presión de la infertilidad y su importancia como persona ha sido atacada. Sin duda alguna, a medida que se añadían años y el reloj contaba hasta cero, Sara anduvo por el doloroso camino de la negación, la ira, la negociación y la depresión. Para cuando la encontramos en Génesis capítulo 8, ella estaba instalada en la etapa de la aceptación: "Nunca sucederá; simplemente es demasiado tarde". Para Sara era mejor reírse y no animarse, que esperar y ser desilusionada.

¿Sabe usted lo que se siente? ¿Está teniendo una vida que se siente incompleta por algo que usted ha anhelado desesperadamente y no ha sucedido? Todo lo que usted deseaba era un matrimonio feliz, pero él la dejó. Usted soñó toda su vida con tener un bebé, pero no ha concebido. Pensó que estarían juntos para siempre, pero la persona que usted amó ha fallecido. Ha intentado e intentado sanar una relación, pero permanece rota. Le entregó años a su carrera, pero no ha dado resultado. ¿Conoce usted el dolor de vivir bajo la carga del "demasiado tarde"?

Si ese es usted, yo deseo recordarle algo que pudo haber olvidado mientras esperaba. Su "demasiado tarde" es el "justo a tiempo" de Dios. A Él le encanta hacer cosas en su vida que el hombre asume imposibles. Los pensamientos de Dios no son nuestros pensamientos, y sus caminos no son nuestros caminos (Isaías 55:8). En otras palabras, el horario de Dios es diferente a nuestro horario. Con Él no existe tal cosa como demasiado tarde. Dios siempre aparece justo en el tiempo correcto.

> Su "demasiado tarde" es el "justo a tiempo" de Dios.

Algunas personas dicen que Dios aparece en el último segundo, pero yo no creo eso. ¡Yo creo que Dios se manifiesta en el segundo perfecto! Dios no tiene prisa de batir un límite de tiempo. Él no está diciendo: "Oh, tengo que apresurarme. ¡Casi se me agota el tiempo!". Sucede lo contrario; Él está orquestando un plan perfecto para su vida. Cuando estudiamos la Palabra de Dios vemos frases como *"cuando fuere tiempo"* (1 Pedro 5:6), *"un tiempo"* (Habacuc 2:3), y *"el cumplimiento del tiempo"* (Gálatas 4:4). Estas frases describen a un Maestro relojero que cuenta cada segundo y siempre sabe hacer lo correcto en el tiempo correcto.

Romanos 5:6 dice: "A la verdad, como éramos incapaces de salvarnos, en el tiempo señalado Cristo murió por los malvados" (NVI). Su misma salvación le fue proporcionada a través del sacrificio de Jesús en el tiempo perfecto de Dios. Jesús pagó por sus pecados en el tiempo correcto. Yo creo que si Dios es suficientemente grande para proporcionarnos nuestra salvación en su tiempo perfecto, Él puede proveernos lo que necesitamos en nuestra vida diaria con la misma perfección.

¿Hay algo tan difícil o tan maravilloso para el Señor?

Cuando Sara se rió de pensar que tendría un bebé a su avanzada edad, Dios hizo una poderosa pregunta: "¿Por qué se ha reído Sara diciendo: ¿Será cierto que he de dar a luz siendo ya vieja? ¿Hay para Dios alguna cosa difícil?" (Génesis 18:13–14).

Dios está preguntando: "Sara, ¿por qué estás viendo la vida de acuerdo con tu horario? ¿Por qué has dudado de mi promesa? ¿No sabes que nunca es demasiado tarde cuando sometes tu vida ante mí?". Creo que Dios le está haciendo la misma pregunta hoy: ¿Hay para el Señor algo demasiado difícil o demasiado maravilloso?

¿Es demasiado difícil o demasiado maravilloso para el Señor... restaurar esa relación?

...darle una familia?
...sanar su dolor?
...proveerle el empleo que necesita?
...responder su oración?

Con Dios todas las cosas son posibles. No hay nada que Él no pueda hacer. Posiblemente Él lo haga de manera diferente a como usted lo planeó, y posiblemente lo haga más tarde de lo que usted planeó, pero sus caminos y su tiempo son siempre mejores de lo que podamos imaginar. Tome un momento para decirle a

> Con Dios, todas las cosas son posibles. No hay nada que Él no pueda hacer.

Dios: "Señor, estoy abierto a lo que tú tengas para mí. Puede no ser lo que planeé, y posiblemente no sucederá de acuerdo a mi horario, pero confío en tu plan perfecto para mi vida. Me niego a perder la fe en ti; pero decido soltar la preocupación, la ansiedad y el temor. ¡Yo sé que nada es demasiado difícil ni demasiado maravilloso pata ti!". Ahora permanezca abierto a nuevas cosas en su vida. Dios puede hacer que usted conciba a un hijo, o puede llamarlo a adoptar. Dios puede sanar esa amistad rota o puede darle la fortaleza para dejarla atrás, porque le causaría más dolor. Dios puede traer de vuelta a su cónyuge o puede traer a alguien nuevo que le dará un mayor gozo a su vida. Dios puede promoverlo o podría tener una nueva carrera para usted. Dios está lleno de buenas ideas, ¡y Él desea compartirlas con usted!

Lo que quiero decir es: Dios puede hacer exactamente lo que usted ha estado soñando, o podría hacer algo tan grande que usted ni siquiera pueda pensar en imaginarlo. Yo no pretendo conocer los detalles de lo que Dios va a llevar a cabo en su vida, ¡solamente deseo animarlo a estar abierto a su plan perfecto que sucederá en su tiempo perfecto!

Nunca es demasiado tarde para el éxito

El 9 de septiembre de 1890, Harland Sanders nació en Henryville, Indiana, una ciudad rural del Oeste Medio. El padre de Harland falleció cuando él tenía solamente seis años, dejándolo a cargo de sus hermanos menores cada día, mientras su madre regresaba a trabajar como obrera para proveer para la familia.

A los siete años de edad, Harland aprendió el arte de cocinar cuando se instaló en su papel como cuidador de sus hermanos menores, pero este fue uno de sus pocos logros tempranos. Harland dejó la escuela en sexto grado y cambió varias veces de empleo en la adolescencia y la juventud. Intentó llevar a cabo diferentes ocupaciones, entre las que se desempeñó como peón agrícola, espolique del ejército, operador de moteles, vendedor de llantas, candidato político (fallido) y operador de gasolineras.

A los 40 años, Harland estaba administrando una estación de servicio en Corbin, Kentucky. Aunque otros podrían haber sentido lástima de sí mismos, Harland utilizó la oportunidad para mostrar las habilidades culinarias que aprendió en casa y alimentaba a los viajeros hambrientos. Al ser rápido y delicioso el platillo famoso de Harland se convirtió en el tema de conversación de todo el estado. Los viajeros hacían de la gasolinera de Harland una parada regular para poder disfrutar su cocina. Finalmente mudó su puesto de la estación de servicio y abrió un restaurante cruzando la calle. Pasó muchos años en ese restaurante tratando de perfeccionar su técnica culinaria y su mezcla especial de especias. El negocio estaba en auge y la gente del lugar se desvivía por el pollo que estaba "para chuparse los dedos". El futuro de Harland comenzaba a lucir brillante.

Sin embargo, a los 60 años de edad, Harland se vio obligado a cerrar cuando el estado construyó una nueva carretera donde estaba ubicado su restaurante. Parecía que el sueño había terminado. Harland era demasiado viejo para comenzar de nuevo. ¿Cómo respondería? Parecía no tener opciones. Era demasiado viejo. Era demasiado tarde.

Pero Harland se negó a sentarse sintiéndose deprimido y mal por sí mismo. En cambio actuó. Muchas personas pueden ver su primer cheque de Seguridad Social como una señal de que la vida está terminando, Harland lo vio como una señal de que solo estaba comenzando. Tomó ese primer cheque de $105 dólares y lo utilizó para comenzar a franquiciar el famoso platillo:

pollo frito. Viajó por todo el país friendo pollo para cualquier restaurante que le permitiera hacerlo. Negoció tratos que le pagaban cinco centavos por cada pollo que el restaurante vendiera utilizando su mezcla de hierbas y especias.

En 1964, con más de 600 restaurantes franquiciados en todo el país, Harland le vendió su interés en la empresa por dos millones de dólares a un grupo de inversionistas. La empresa se hizo pública dos años más tarde y fue agregada a la lista de la Bolsa de Valores de Nueva York años más tarde. Harland pasó el resto de su vida viajando 250 000 millas al año, visitando sus restaurantes alrededor del país. Se volvió famoso en todo el mundo; sin embargo, ya nadie le llamaba Harland, le llamaban Coronel. El Coronel Sanders, el rostro de Kentucky Fried Chicken, sabía esto acerca de la vida: nunca es demasiado tarde para comenzar de nuevo.

Dé un paso

La historia de Harland Sanders es una inspiración para todo aquel que ha sentido que es demasiado tarde para hacer algo. Si él pudo lograr todo aquello con el poder de su propia determinación, solo imagínese lo que podría hacer con el poder de Dios a su disposición. Las posibilidades son infinitas.

Hoy, yo deseo que usted tome la decisión de hacer lo que Dios le dirija a hacer. Posiblemente usted no tenga todas las respuestas y no sepa todos los pasos que debe dar; pero por fe, yo deseo que usted dé el primer paso. Usted se ha afligido mucho tiempo. ¡Ahora es tiempo de creer! Y una parte importante de creer es dar un paso o llevar a cabo alguna acción. Posiblemente el primer paso sea:

- Inscribirse en una clase en su universidad local.
- Perdonar a la persona a quien le ha estado guardando rencor.
- Asistir a la iglesia por primera vez en años.

- Hacer una cita con un nutricionista.
- Enviar un currículum.
- Llamar a una agencia de adopción.
- Enlistarse para el ascenso que le gustaría tener en el trabajo.
- Confrontar el problema en su matrimonio en lugar de ignorarlo.
- Atreverse a hacer oraciones audaces, pidiéndole a Dios lo que parece ser imposible.

Si está familiarizado con la Biblia, usted sabe que Dios guardó la promesa que les hizo a Abraham y a Sara. Él les dijo: "Al tiempo señalado volveré a ti, y según el tiempo de la vida, Sara tendrá un hijo" (Génesis 18:14). Y el cumplimiento de la promesa de Dios fue mucho mayor que cualquier cosa que Sara puedo haber imaginado. Ella esperaba un hijo; Dios le dio un hijo y mucho más—Abraham y ella fueron los padres de una nación—.

Si usted se ha encontrado riéndose de pensar que su sueño se vuelva realidad, lo desafío a esperar de nuevo. El tiempo indicado de Dios no ha pasado. Su promesa continúa siendo verdad. Él está justo a tiempo.

Resumen

- El horario de Dios es diferente de su horario.
- Solo porque no haya pasado aún no significa que no sucederá.
- Dios siempre hace cosas perfectas en su tiempo perfecto.
- Manténgase abierto al hecho de que Dios puede responder su oración en una manera que nunca creyó posible.
- Una parte importante de creer es dar un paso o llevar a cabo una acción.
- Tenga paz y disfrute mientras espera.

Encuentre paz en la espera

Yo ni siquiera comencé el ministerio que tengo ahora sino hasta los 42 años de edad. Había estado enseñando la Biblia durante diez años antes de eso—cinco años en estudios bíblicos en casa y cinco años en el ministerio de alguien más—; pero no comencé mi ministerio sino hasta los 42 años. Deseo animarlo a confiar en que cuando Dios lo lleve a donde Él desea que esté, y lo lleve a la condición que Él desea para usted, ¡Él puede acelerar su éxito! Es increíble lo que Dios ha hecho en nuestro ministerio y la cantidad de personas a quienes nos ha permitido enseñar desde que comenzamos *Joyce Meyer Ministries.*

Solo porque usted tenga 30 (o 40, o 50, o la edad que sea) y no sabe todavía lo que Dios hará con usted... ¡no ha terminado! Debemos negarnos a vivir intentando averiguar todo, todo el tiempo. Yo lo he aprendido de primera mano. Puedo decirle que casi me vuelvo loca intentando averiguar todo en los primeros años del ministerio. Pensé que *tenía* que saber cómo iban a funcionar las cosas. Me preocupaba, razonaba y me preguntaba todo el día, todos los días, y fue inútil.

Dios deseaba que yo confiara en Él, y eso es también lo que Él desea que usted haga. Cuando el tiempo de Dios fue el correcto para mí, me dio lo que yo llamo un "de repente". Algo que yo había deseado durante años y que no había logrado hacer, sucedió DE REPENTE por la gracia de Dios. Nuestro ministerio comenzó a crecer a una velocidad asombrosa y tuvimos la oportunidad de ayudar a millones de personas alrededor del mundo. ¡Mi sueño se estaba volviendo realidad más allá de mi imaginación más alocada!

Tristemente, yo había abandonado la paz y el gozo al preocuparme por cosas que no podía cambiar e intentar hacer que sucedieran las cosas que solo Dios podía hacer que sucedieran

Para mi esposo, Dave, confiar en Dios resultó fácil. Él simplemente le entregaba su carga y decía que Dios se encargaría de ello. Dios siempre se encargaba de las cosas finalmente, y David disfrutaba su vida mientras esperaba, pero yo desperdicié la mía preocupándome por todo.

La Palabra de Dios dice:

La paz os dejo, mi paz os doy; yo no os la [...]
mundo la da. No se turbe vuestro corazón, ni teng[...]

Juan [...]

Usted puede elegir la paz. No tiene que permitirse esta[...]
tado ni trastornado. ¿No es una buena noticia? Deseo animarlo[...]
que sea que esté esperando hoy, elija vivir en paz. Dios hará que
su plan perfecto suceda en su vida. Nunca es demasiado tarde
para su plan…y nunca es demasiado tarde para su paz.

esita es un momento

doy como el
a miedo.
14:27
agi-
lo

*ие nadie necesite esperar ni un
solo momento antes de comenzar a mejorar el mundo".*

—Ana Frank

Muy poca gente fuera de la pequeña ciudad de Greece, Nueva York, había escuchado de Jason McElwain antes del 15 de febrero de 2006. Hoy, su historia inspira a millones alrededor del mundo. Y todo comenzó en una fría noche de invierno en el abarrotado gimnasio de una escuela secundaria. Jason tuvo un momento que ninguno de los asistentes olvidaría.

Jason es hijo de David y Debbie McElwain, y nació en esta pequeña ciudad occidental de Nueva York el 1 de octubre de 1987. A muy temprana edad a Jason le diagnosticaron autismo, un trastorno mental que afecta el desarrollo cerebral normal de las habilidades sociolingüísticas. Como puede imaginarse, los padres de Jason estaban preocupados de que nunca pudiera llevar una vida normal.

Durante su juventud, Jason trabajó para superar esta discapacidad. Con el tiempo aprendió a interactuar con otros niños, desarrollando habilidades sociales para poder jugar con los compañeros de clase y tener amigos como todos los demás niños y niñas. Por más que el autismo lo limitara, no pudo detener a Jason.

En la escuela secundaria, Jason no logró entrar a la selección de básquetbol de la escuela, pero eso no lo detuvo tampoco. Si no podía ser un jugador, podía ser el gerente del equipo, una responsabilidad que no tomaba a la ligera. Jason llegaba a cada juego, les daba toallas y botellas de agua, mientras vestía la camisa y la corbata de gerente del equipo. Aunque disfrutaba ayudar al equipo, su verdadero sueño era un día poder vestir un uniforme y posiblemente entrar a jugar en un partido.

El 15 de febrero, el cuerpo estudiantil de la escuela secundaria Greece Athena llenó el gimnasio, emocionado por el juego de básquetbol, pero nadie estaba más emocionado que Jason. Ese día más temprano, su entrenador, Jim Johnson, le preguntó a Jason si le gustaría cambiar su camisa y su corbata por un uniforme del equipo (esa noche era el último juego de la temporada, y el entrenador Johnson deseaba que Jason vistiera una camiseta como todos los demás chicos del equipo). Aunque no le habían prometido que entraría en el juego, Jason se vistió emocionado y se unió a sus compañeros de equipo en la banca. Se sentía como uno de los demás chicos.

En el último cuarto, con solo dos minutos de juego, el entrenador Johnson hizo lo inesperado. Miró hacia la banca y le hizo señas a Jason para que entrara. Jason no podía creerlo. Pensó: *¿En realidad está sucediendo?* El tiempo parecía pasar en cámara lenta a medida que Jason se levantaba de la banca y entraba en el juego. Ni él ni nadie de la audiencia esa noche pudo haber adivinado lo que sucedería después, ellos estaban a punto de experimentar el poder durante un momento.

Los alumnos y los padres de la audiencia aclamaron a Jason incontrolablemente cuando entró a la cancha. Todos estaban felices de que tuviera una oportunidad de jugar, y todos esperaban que incluso pudiera hacer un tiro. Incluso el entrenador Johnson oró: "Dios, déjalo anotar una canasta".

Con el juego a punto de terminar y la audiencia al borde de los asientos, Jason recibió un pase de un compañero. Se volteó e hizo lo que había soñado hacer toda su vida: anotar un lanzamiento de tres puntos. El caos estalló en todo el gimnasio cuando sucedió lo impensable y la pelota pasó por la red de la canasta haciendo su ruido característico... ¡sush! Todos los alumnos, los padres y los jugadores brincaron de gozo, aclamando a gritos a su amigo que acababa de superar mucho en su vida. ¡Jason anotó una canasta en el último juego de la temporada! Qué historia tan increíble. Pero Jason no había terminado.

Con cada salto por la cancha, Jason se volteaba y tiraba de nuevo. ¡Sush! ¡Sush! ¡Sush! ¡Sush! Tiro tras tiro entró en la canasta. Y con cada tiro de tres puntos que lanzaba, la multitud brincaba más alto y gritaba más fuerte que la vez anterior. Cuando se terminó el tiempo, Jason tiró un último lanzamiento desde una distancia imposiblemente lejana, y sí, una vez más, la pelota atravesó la red. Todo el cuerpo estudiantil de la secundaria Greece Athena se apresuró hacia la cancha para abrazar a Jason. Anotó seis canastas de tres puntos en los últimos cuatro minutos del juego, convirtiéndose así en el jugador con el más alto puntaje del equipo. Sus amigos cargaron en los hombros a Jason McElwain, el chico autista, por toda la cancha. Juntos celebraron el momento más grande del que habían sido parte.

Alguien de la audiencia capturó en video el desempeño de Jason aquella noche, y la historia corrió como pólvora. Todas las empresas noticiosas mostraron el video. Hollywood rápidamente compró los derechos para hacer una película. Atletas, celebridades e incluso el presidente George W. Bush fueron a conocer a Jason. Pero mejor aún, la historia de Jason se convirtió en una inspiración para la gente que es afligida por el autismo en todo el mundo. La vida de Jason cambió en una noche especial; la vida de Jason cambió en un momento poderoso.

El poder de un momento

Deseo cerrar la primera sección de este libro, hablando acerca del poder de un momento: lo que Dios puede hacer *de pronto*. Durante mis años de ministerio he conocido a mucha gente que ha perdido la esperanza. Su vida se siente muy quebrantada y dañada como para ser reparada. Ellos aman al Señor, pero piensan que de alguna manera su oportunidad de vivir el plan de Dios se acabó. La idea de encarrilar de nuevo su vida es simplemente un proceso demasiado intimidante. Para complicar aún más su situación, el diablo los ataca, diciéndoles que no valen nada y que Dios no los usará.

Posiblemente usted conozca a alguien que se siente así; tal vez usted mismo se sienta así. Ignorado, incapacitado, olvidado. Puede ser bastante desalentador ser la persona que entrega las toallas, mientras todos los demás parecen estar entrando en el juego.

Pero como un hijo de Dios hay algo especialmente alentador que usted necesita recordar hoy: *Dios puede hacer más en un momento de lo que usted puede hacer en una vida.* No hay ninguna situación que le intimide a Él. No hay desastre, disfunción, abuso ni dolor

> Dios puede hacer más en un momento de lo que usted puede hacer en una vida.

que Él no pueda sanar. Una palabra de Dios, un momento en su presencia, puede cambiar el curso completo de su vida.

Al estudiar la Palabra de Dios, me asombra ver cómo la vida de la gente es transformada en un momento. En casi cada página, los hombres y las mujeres de la Biblia tienen encuentros poderosos con Dios que resultan en cambios de vida instantáneos e inmediatos. Las vidas que parecían estar yendo a ninguna parte, de pronto son colocadas en un rumbo divino.

Piense en David. Al principio de 1 Samuel capítulo 16, él solo era un pastor de ovejas. Pasaba los días cantando en los campos, mientras cuidaba las ovejas de su padre. Pero un día, el profeta Samuel aparece en la puerta y lo unge como el siguiente rey de Israel. En un día—en un momento—toda su vida cambió.

O piense en Moisés. Al principio de Éxodo capítulo 3, él es un forajido que ha pasado los últimos cuarenta años de su vida escondiéndose en Madián. Un día ve una zarza ardiente, pero que no parece estarse consumiendo. Dios le habla a través de esa zarza y Moisés sale de ese encuentro como el hombre que liberará al pueblo hebreo de la esclavitud de Egipto. En un día —en un momento—toda su vida cambió.

Vemos lo mismo en la vida de María; esa es una historia que contamos en cada Navidad. Al principio del libro de Lucas, María es una joven virgen comprometida para casarse. Un día, un ángel del Señor aparece y le dice que ha hallado favor con Dios y que tendrá un Hijo que liberará al mundo de sus pecados. En un día—en un momento—toda su vida cambió.

Me asombra cuando leo cómo Jesús llamó a sus discípulos. Cada uno tenía su propia rutina diaria, cuando de pronto, el Señor aparece y dice: "Síganme". Con esa sola invitación, ellos dejan su antigua vida detrás. En un día—en un momento— toda su vida cambió.

Estas historias, y otras similares, le envían un mensaje claro a cada persona que siente que su vida no tiene esperanza: *Su vida puede cambiar en un momento.* Si usted confía en que Dios tiene un plan para su vida y espera con paciencia, Él hará más en un minuto de lo que usted pudo hacer en diez años. Su pasado, sus limitaciones, sus obstáculos no igualan al poder de Dios. Él habló para que el mundo existiera con el poder de su palabra; Él puede hablar nueva vida a su situación.

> *Su pasado, sus limitaciones, sus obstáculos no igualan al poder de Dios.*

Ahora, no estoy sugiriendo una vida cristiana "instantánea". Lo que Dios revela de pronto, a menudo lo implementa gradualmente. Quien haya caminado con Dios durante un tiempo le dirá que usted está sirviendo a un Dios a quien no le gustan las respuestas fáciles. Si usted piensa que Dios aparecerá como un genio y—¡PUF!—hará que todos sus problemas desaparezcan mágicamente, se decepcionará. La vida cristiana no siempre se vive en la cima de la montaña; hay días en que debemos pasar por el valle. Seguir a Dios requiere determinación y disciplina.

En cada una de las historias que mencioné hay una implementación gradual de la revelación repentina. Luego de que David fuera ungido rey, tuvo que pasar pacientemente por el proceso de convertirse en rey. Moisés no sacó al pueblo de Egipto al día siguiente; tuvo que confiar en Dios y llevar a cabo obedientemente el plan de Dios para su vida. María tuvo que confiar en Dios para que la promesa se cumpliera en su vida, incluso cuando ella y otras personas no comprendían por completo lo que eso significaba. Los discípulos caminaron fielmente con el Señor cada día, les gustara o no.

Su vida no es diferente. Usted necesitará llegar a conocer a Dios íntimamente, y eso requiere del estudio regular de la Palabra de Dios, de pasar tiempo en oración y de decidir creer en las promesas de Dios. Deje que Dios sea parte de cada faceta de su vida. Siempre habrá días en que no desee orar, leer la Palabra o servir a Dios, y días en que no sienta la presencia de Dios. Esos son días en que simplemente nos negamos a vivir controlados por nuestros sentimientos. En cambio, pídale a Dios que le ayude a caminar en obediencia y someterse a su Palabra, lo desee o no. A menudo digo que si realmente deseamos vivir victoriosamente, entonces "debemos estar dispuestos a hacer lo bueno cuando no parezca adecuado".

Pero incluso cuando pasamos por tiempos difíciles, es un hecho que Dios puede traer momentos "de repente" a nuestra vida. Momentos que son tan poderosos y tan milagrosos que lo cambian todo. Una palabra de Dios, un toque de su Espíritu, puede colocar su vida en una nueva dirección. Aunque las cosas de su vida parezcan invariables, estas pueden ser cambiadas en un momento. Es importante que vivamos expectantes. Debemos esperar que las cosas cambien en cualquier

> *Una buena pregunta que hacerse es: "¿Qué estoy esperando?".*

momento en lugar de esperar que permanezcan como siempre han estado. Vivir con una "expectativa positiva" es una faceta de la fe, y la Palabra de Dios dice que sin fe es imposible agradar a Dios (Hebreos 11:6). A Dios le agrada cuando esperamos su ayuda divina, en lugar de esperar los problemas. Una buena pregunta que hacerse es: "¿Qué estoy esperando?".

En cualquier momento, en cualquier lugar

He tenido varios momentos "de repente" en mi vida. Uno de ellos fue cuando Dios me llamó al ministerio. No había ningún gimnasio lleno de alumnos de preparatoria, y nadie está haciendo ninguna película al respecto; pero fue un momento que nunca olvidaré.

Me encontraba tendiendo la cama una mañana, y la voz del Señor me habló y me dijo: *"Joyce, vas a ir por todas partes para compartir mi Palabra. Tendrás un gran ministerio de enseñanza"*. No fue una voz audible, pero bien pudo haberlo sido; fue *así* de clara. Dios cambió mi vida en un momento. A partir de ese día supe que la enseñanza era mi destino, y he tenido un deseo abrumador de enseñar la Palabra de Dios desde entonces.

Lo que nos cambia no es en donde estemos o lo que estemos haciendo en el momento—yo estaba haciendo la cotidiana y ordinaria tarea de hacer mi cama—; es el poder de Dios en ese momento lo que nos cambia. Dios puede encontrarse con usted en cualquier momento, en cualquier lugar. Podría estar en el trabajo, de compras, de caminata, podando el césped, en la iglesia, hablando con un amigo, leyendo su Biblia o incluso tendiendo la cama. Cuando Él se manifiesta, su vida es transformada "de repente".

Posiblemente hubo ocasiones mientras leía la primera sección de este libro en que pensó: "Eso suena grandioso...para alguien más. Mi problema es demasiado grande; mi vida ya no alcanza la ayuda". Tal vez ni siquiera puede comenzar a comprender cómo puede empezar a cambiar su vida. Si ese es usted, yo deseo que sepa que Dios tiene un momento para usted. De hecho, puede ser ahora mismo mientras lee estas palabras. ¡Una chispa de fe puede llenar su corazón y permitirle creer que no es demasiado tarde para comenzar de nuevo! Usted no tiene que tener todas las respuestas, no tiene que averiguar cómo va a funcionar todo y no tiene que hacerlo que suceda usted solo. Todo lo que tiene que hacer es estar abierto al Señor y escuchar su voz.

Es un error pensar que Dios puede hablarnos solamente cuando estamos haciendo algo que consideramos espiritual. Dios está con nosotros todo el tiempo, en todo lugar. El tiempo o el lugar no son importantes, pero nuestro nivel de expectativa sí lo es. Atrévase a creer que Dios tiene un grandioso futuro reservado para usted y pídale que se lo revele.

Pero cuidado. Lo que Dios le revele en su momento puede ser más grande de lo que piensa. David mató a un gigante, Moisés liberó a una nación, María dio a luz al Mesías y los discípulos pusieron el mundo de cabeza. Dios siempre hace más en su vida de lo que usted puede hacer por sí solo. ¡Prepárese! Emociónese y dése cuenta de que hoy puede ser el día en que todo cambie.

Resumen

- Una palabra de Dios, un momento en su presencia, puede cambiar todo el curso de su vida.
- No pierda la esperanza. A Dios le encanta obrar "de repente".
- Aquello que Dios revela en un momento, nosotros lo caminamos diariamente.
- Nunca se decepcionará cuando decida buscar a Dios.
- ¡La expectativa es clave! Viva cada día esperando ver a Dios obrar en su vida.

Confíe en el tiempo de Dios, espere su momento

Aunque la visión tardará aún por un tiempo, mas se apresura hacia el fin, y no mentirá; aunque tardare, espéralo, porque sin duda vendrá, no tardará.

—Habacuc 2:3

No nos cansemos, pues, de hacer bien; porque a su tiempo segaremos, si no desmayamos.

—Gálatas 6:9

El Señor no retarda su promesa...

—2 Pedro 3:9

Aguarda a Jehová; esfuérzate, y aliéntese tu corazón; sí, espera a Jehová.

—Salmos 27:14

Todo tiene su tiempo, y todo lo que se quiere debajo del cielo tiene su hora.

—Eclesiastés 3:1

En tu mano están mis tiempos; líbrame de la mano de mis enemigos y de mis perseguidores.

—Salmos 31:15

Así dijo Jehová: En tiempo aceptable te oí, y en el día de salvación te ayudé...

—Isaías 49:8

Porque dice: En tiempo aceptable te he oído, y en día de salvación te he socorrido. He aquí ahora el tiempo aceptable; he aquí ahora el día de salvación.

—2 Corintios 6:2

NUNCA ES DEMASIADO TARDE PARA...

✔ Comenzar de nuevo.

✔ Perseguir sus sueños.

✔ Crear relaciones sanas.

✔ Comprender el poder de Dios.

✔ Cambiar sus caminos.

✔ Ser positivo.

✔ Esperar.

✔ Aceptar al Señor.

✔ Marcar una diferencia.

✔ Perdonar a la persona que lo lastimó.

✔ Aprender algo nuevo.

✔ Hacer lo que siempre ha deseado.

✔ Decir "lo siento".

✔ Ser inspirado.

✔ Volver a empezar.

✔ Dejar el pasado en el pasado.

PARTE II

¿Qué lo está deteniendo?

...La vida antigua ha pasado, ¡una nueva vida ha comenzado!...

—2 Corintios 5:17b, NTV

CAPÍTULO 6

¿Pagó usted por eso?

"Jesús lo pagó todo. Yo todo a Él le debo. El pecado ha dejado una mácula carmesí. Él la lavó blanca como la nieve".

—Elvina M. Hall

A veces Dios nos habla mediante los eventos diarios de la vida. Puede usar la belleza de un atardecer, una conversación con un amigo o una experiencia fortuita para mostrarnos una verdad de su Palabra. A mí me ha sucedido muchas veces en mi vida, pero deseo compartirle una ocasión específica.

Fui a un centro comercial local para comprar una cartera que me había llamado la atención durante un tiempo. Hice mi compra y el vendedor de la tienda guardó la cartera en una bolsa, junto con mi recibo. Mientras salía de la tienda, el sensor de la puerta comenzó a sonar fuertemente. El vendedor debió haber dejado una etiqueta en la cartera, porque esta había encendido la alarma de hurto. Un empleado se acercó de prisa, y lo primero que pensé fue: "Espero que no piense que estoy intentando robarme algo". Nadie fue grosero conmigo, pero me miraron como diciendo: "¿Pagó por eso?". Gracias a Dios tenía mi recibo en la bolsa y puede comprobar que todo lo que había en ella era mío. Me avergoncé un poco, pero no me sentí culpable. Al fin y al cabo, todo estaba ya pagado.

Lo que sucedió ese día fue un buen ejemplo de lo que a menudo sucede en el plano espiritual. Hay veces en la vida de todo creyente en que nos enfrentamos a la pregunta: *¿Usted pagó por eso?* Cuando Dios nos da un nuevo comienzo, siempre habrá escépticos que duden que lo merezcamos. Por razones de las que hablaré en las siguientes páginas, la gente sacude la cabeza en desaprobación, preguntándose: "¿Merece usted una nueva oportunidad? ¿Se ha ganado un nuevo futuro? ¿De verdad debe usted estar tan feliz?". Todas estas preguntas son parte de una pregunta espiritual mayor: "¿Usted pagó por eso?".

La verdad es que usted no pagó por eso...tampoco yo. Usted no lo merece, tampoco yo. Pero esto es lo que hace que la historia del evangelio sea tan hermosa. ¡La Biblia nos dice que Jesús pagó el precio para que nosotros pudiéramos recibir la bondad de Dios! Él pagó por nuestro pecado cuando nosotros no podíamos, y su sacrificio en el Calvario fue un pago definitivo. Todo pecado, todo error, la disfunción y toda mala decisión: Él pago por todo eso.

No solamente nuestro pasado ha sido pagado, se nos ha provisto de un futuro. Debido a su gran amor por nosotros, Dios nos ha proporcionado todo lo que necesitamos para tener una vida abundante y llena de gozo. Es por ello que un fresco comienzo en la vida es una promesa tan poderosa. No es algo que nos hayamos ganado; es un regalo de Dios. ¡Esa es la buena noticia!

> No solamente nuestro pasado ha sido pagado, se nos ha provisto de un futuro.

Cambio de autobús

No a todos les gustará que comencemos a buscar a Dios en un nivel más profundo. Hay personas en nuestra vida que desean que seamos tan emocionalmente enfermos, miserables e infelices como ellos. Es como una vieja expresión: "A la tristeza le gusta la compañía". Cuando comience a hacer cambios en su vida en obediencia a la Palabra de Dios, prepárese para enfrentar un poco de resistencia.

Piense en ello como abordar un autobús. Usted está decidiendo cambiar la dirección de su vida en ciertos aspectos, comenzar de nuevo. De manera que para cambiar de dirección, usted desciende del antiguo autobús y aborda un nuevo autobús que va por un camino diferente. Eso es grandioso para usted, pero sus amigos están en el antiguo autobús. Puede ser que a ellos nos les guste el hecho de que usted se esté yendo. "¡Oye, detente! ¿A dónde crees que vas? Se supone que tenemos que estar juntos en este autobús".

Tristemente, mucha gente intentará mantenerlo en el autobús con ellos. Esto se manifiesta en varias maneras:

- Pueden continuar tentándolo con los antiguos comportamientos.
- Pueden negarse a respetar sus nuevas convicciones.
- Pueden intentar hacerlo sentir culpable por mejorar su vida.
- Constantemente crean un ambiente negativo que le dificulta vivir para Dios.
- Pueden hacerle sentir que es demasiado tarde para comenzar de nuevo.

¿Alguna vez ha observado que parte de la resistencia más dura proviene de las personas más cercanas a usted? Los amigos de mucho tiempo, los colegas confiables e incluso los familiares pueden ser los primeros en desanimarlo cuando comience a decirles acerca de las decisiones que está tomando por Dios. No estoy diciendo que sean malas personas, pero pueden ser una mala influencia en su vida si usted les permite que lo alejen de lo mejor que Dios tiene para usted. Tristemente, si la gente no está lista para avanzar, a menudo intentan detenernos con el fin de sentirse mejor con su propia falta de iniciativa.

No permita que los demás lo detengan de recibir las nuevas cosas que Dios tiene para usted. Sus alarmas de acusación no se comparan con la gracia de Dios. Lo que usted esté buscando hoy—una nueva salud, una nueva mentalidad, una nueva actitud, una nueva relación, una nueva audacia o una nueva carrera—recuerde que todo ha sido ya pagado. De hecho, toda su vida fue pagada por el sacrificio de Jesús. Primera de Corintios 7:23 dice:

Ustedes fueron comprados por un precio; no se vuelvan esclavos de nadie.

Me encanta cómo traduce ese versículo la versión *The Message* en inglés. Dice:

...Una alta suma fue pagada por nuestro rescate. Entonces por favor, ni por costumbre caigan otra vez en ser o hacer lo que todos los demás les digan. Amigos, permanezcan donde fueron llamados. Dios está ahí. Suban a la cima con Él a su lado.

Nosotros podemos subir a la cima con Él a nuestro lado solamente si decidimos vivir para Dios en lugar de vivir para otra gente. Él debe ser la única persona que intentemos agradar. Si los que nos rodean están evitando que tomemos una nueva dirección, necesitamos confrontar a esas personas en amor y explicarles que sus acciones nos están lastimando.

Si ellos no lo reciben, yo le animaría a orar y preguntarle a Dios qué hacer después. Si es un amigo o un socio de negocios, puede ser que Él nos diga que dejemos a un lado esa relación. Eso no significa que no amemos a esa persona; solamente significa que posiblemente necesitemos limitar la influencia que tiene sobre nosotros. Cuando Dios me llamó a enseñar su Palabra, quienes intentaron detenerme fueron los amigos de la iglesia. Ellos no eran malas personas, se sentían amenazados por ello. La gente normalmente juzga de forma crítica o incluso rechaza lo que no comprende.

Es posible que usted experimente cierto rechazo al descender del antiguo autobús y abordar el nuevo. Su vida será maravillosa, pero puede haber quienes no comprendan o sientan envidia. Determine seguir a Dios, ¡porque con Él, usted siempre terminará en el lugar correcto con la mejor vida!

Leí que Henry Ford dijo una vez: "Mi mejor amigo es el que saca lo mejor de mí". Yo creo que esto sucede especialmente en la vida de un creyente, considerando que lo mejor de usted está en el Espíritu de Dios. Un verdadero amigo lo animará a seguir la dirección de Dios, no actuará como un obstáculo cuando usted busque lo mejor que Dios tiene para su vida.

Hebreos 12:1 (NVI) dice que nos despojemos "del lastre que nos estorba", con el fin de correr la carrera que Dios nos ha puesto.

Aquí hay algunas cosas que pueden obstaculizar su caminar con Dios:

1. La actitud negativa de los demás.

Usted no tiene que sentarse a escuchar a los amigos y a los colegas murmurar y quejarse todo el día. Si usted permanece en ese ambiente, afectará su espíritu. Posiblemente usted no pueda evitarlos a cada segundo del día, pero puede limitar el contacto que ellos tienen con usted. Tal vez necesite escuchar parte de una buena enseñanza durante su descanso. O quizá necesite dar una caminata y tener comunión con Dios durante el almuerzo, en lugar de unirse a una conversación negativa.

Otra cosa que puede hacer es cambiar la dirección de la conversación. Si quienes lo rodean están presionando y quejándose de su empleo, por qué no dice: "Bien, yo no sé tú, pero yo estoy agradecido de *tener* un empleo hoy. Puede no ser perfecto, pero es mejor que nada". Se sorprendería de cómo influyen en los demás las palabras positivas.

> *No permita que la negatividad de quienes lo rodean lo hunda y aleje su enfoque del Señor.*

Lo más importante es darse cuenta de que las palabras negativas pueden afectar su espíritu. No permita que la negatividad de quienes le rodean lo hunda y aleje su enfoque del Señor. Llene su vida de cosas positivas que lo edifiquen e incrementen su gozo.

2. Las expectativas imposibles de los demás.

Sí, es importante encontrar tiempo para ayudar a los demás y servir a quienes nos rodean, pero no podemos vivir intentando impresionar y agradar a los demás toda la vida. He descubierto que no importa cuánto lo intentemos, para algunas personas nunca será suficiente. Hay ciertas personas que esperarán que hagamos más y más, hasta que lleguemos a un punto de quiebre. Tristemente, hay personas que nos utilizarán para su propio beneficio, o incluso se aprovecharan o abusarán de nosotros. Debemos ser responsables de protegernos y aprender a decir "no" cuando sepamos que necesitamos hacerlo.

Una de las cosas más importantes que usted puede hacer en la vida es soltar su necesidad de agradar a la gente. Intentar agradar a los demás e intentar satisfacer sus expectativas le hará tener la vida que *ellos* desean que usted viva y perderse la vida que Dios desea que viva. No hay gozo en ello, solamente esclavitud.

En lugar de intentar agradar a los demás haga que su vida le agrade a Dios. Colosenses 1:10 dice: "Para que andéis como es digno del Señor, agradándole en todo". Es ahí donde encontraremos descanso y paz para nuestra alma. Si usted desea experimentar el gozo del Señor que cambia la vida, suelte las expectativas poco realistas de los demás y viva para Dios cada día.

3. La envidia de los demás.

No todo mundo estará feliz cuando usted comience una nueva vida en Dios. Su nueva actitud, su nueva mentalidad y su nuevo nivel de gozo pueden hacer que los demás envidien las cosas que no tienen en su propia vida.

A medida que comience a caminar más cerca de Dios, usted

experimentará un nuevo nivel de bendición en su vida, y habrá personas que envidien lo que Dios le ha dado. Una amiga mía nunca pudo gozarse completamente conmigo cuando Dios me bendijo. Cuando ella descubría que Dios había hecho algo especial para mí, su comentario siempre era: "Debe ser lindo; yo estoy esperando que ese tipo de cosas me sucedan a mí". Su tono y la expresión de su rostro, así como sus palabras, me hacían saber que ella tenía envidia y me hacía no desear ser su amiga.

Y no solo son las cosas materiales. Cuando siga a Dios habrá personas que tendrán envidia de su paz recién descubierta, su salud emocional o de su nueva perspectiva de la vida. Usted solía estar nervioso y estresado todo el tiempo, pero ahora está echando sus cargas sobre Dios y viviendo un nuevo nivel de descanso. Habrá gente que envidie lo que usted ha encontrado.

No se disculpe por lo que Dios le ha dado solo porque alguien más siente envidia de ello. Si ellos no pueden sentirse felices por usted, es que tienen algunos problemas que necesitan enderezar con Dios. Usted puede animarlos y orar por ellos, pero no deje que su envidia lo desanime a usted. ¡Gócese en las bendiciones del Señor!

No permita que las acusaciones de personas recelosas le amenacen para que desista de lo que Dios le ha provisto. Es verdad: usted no pagó por

> *Dios le amó tanto que envió a Jesús para pagar el precio por usted.*

la gracia de Dios en su vida, pero no tuvo que hacerlo. Dios le amó tanto que envió a Jesús a pagar el precio por usted.

Todas las cosas de su vida pueden ser restauradas, *¡nunca es demasiado tarde!* María y Martha pensaron que era demasiado tarde para que Jesús ayudara a Lázaro. Él había estado muerto cuatro días y estaba comenzando a pudrirse para cuando Jesús llegó; pero fue levantado de la muerte por el poder de Dios. Creo que es seguro decir que Lázaro tuvo un comienzo fresco.

Usted puede tener un matrimonio grandioso, *¡nunca es*

demasiado tarde! Usted puede ser el tipo de padre o madre que siempre ha deseado ser, *¡nunca es demasiado tarde!* Usted puede salir de las deudas, *¡nunca es demasiado tarde!* Usted puede desalojar la preocupación y la inseguridad de su casa, *¡nunca es demasiado tarde!* Usted puede establecer hábitos sanos y vivificantes como parte de su rutina diaria, *¡nunca es demasiado tarde!* Usted puede tener una vida hermosa, sin presión y feliz, *¡nunca es demasiado tarde!*

La Biblia es su recibo. Todas sus asombrosas promesas son suyas. ¡Todo está ya pagado!

Resumen

- Jesús pagó el precio de su pecado. ¡Él lo compró de una vez y para siempre!
- No solamente su pasado ha sido pagado, se le ha provisto de un futuro.
- Cuidado: parte de la resistencia más dura vendrá de las personas más cercanas a usted.
- No permita que la actitud negativa de los demás lo detenga.
- Viva agradando a Dios. La opinión del Señor es la única que cuenta.

> *"¿Tiene enemigos? Bien. Eso significa que ha defendido algo alguna vez en su vida".*
>
> —Winston Churchill

CAPÍTULO 7

¿Quién se cree que es?

"Usted no es amado por ser valioso. Usted es valioso porque Dios le ama".

—Anónimo

Ella tenía 23 años cuando tomó el teléfono y marcó ese número. De muchas formas, ella sentía pavor de hacer la llamada, pero huir del temor ya no era una opción. Era tiempo de obtener respuestas.

Nejdra Nance durante años sospechó que algo no andaba bien. Hubo señales de advertencia; hubo inconsistencias. Pero Nejdra sacudió las sospechas e ignoró las dudas. La verdad era muy dolorosa para siquiera considerarla.

Para el invierno de 2011, ella simplemente ya no pudo evitar la acumulación de evidencia: nunca se sintió cómoda con sus familiares, no se parecía a su madre, no tenía tarjeta de Seguridad Social y nunca había visto su acta de nacimiento.

Y luego estaban las fotografías. Algunas de las fotos de uno de los bebés del sitio de internet lucían siniestramente familiares. Nejdra continuaba regresando al sitio una y otra vez, aterrada por lo que ello implicaba. Era un sitio de internet para niños perdidos y explotados.

Finalmente hizo la llamada.

Cuando un consejero para casos de crisis respondió la llamada, Nejdra Nance pronunció las palabras que la habían perseguido durante 23 años: "No sé quién soy".

La historia que continuó en los días siguientes a esa llamada, se parecía más a un libreto de Hollywood que a la realidad. Cuando se supo la verdad, llegaron los detectives policíacos y los puestos de periódicos de todo el mundo corrieron con la increíble historia de Carlina Renae White: la mujer que resolvió su propio secuestro.

La historia comenzó en una cálida noche de agosto de 1987 cuando los preocupados padres de una chica de 19 días de nacida, Carlina Renae White, llevaron a su bebé a un hospital de Manhattan con fiebre alta. Unas horas más tarde sucedió lo impensable: la pequeña Carlina había sido reportada como perdida de la sala pediátrica.

La policía inmediatamente enfocó su investigación en una mujer misteriosa que merodeaba por el hospital con un uniforme de enfermera, pero además de unos cuantos relatos de testigos, tuvieron poco material con el cual proceder. Las cámaras de vigilancia del hospital no estaban funcionando ese día, y todas las pistas de los detectives finalmente se enfriaron.

Los días se volvieron semanas, las semanas se volvieron meses, y los meses se tornaron en años. El secuestro de Carlina Renae White quedó sin resolver.

En los años subsiguientes, mientras que sus padres sufrían su pérdida, la secuestradora, Ann Pettway, crió a Carlina en una pequeña ciudad de Connecticut, a solo 45 minutos. Estando mentalmente turbada y desesperada por una familia, Pettway se disfrazó de enfermera en esa trágica noche de agosto, escondió a la bebé Carlina debajo de su abrigo y se escapó de la escena, para nunca volver a ser vista.

La secuestradora no la llamó Carlina...ahora la bebé era Nejdra. Y aunque fue criada en un ambiente relativamente normal, nada puede cambiar el hecho de que mucho le fue robado. De niña, ella nunca conoció a sus verdaderos padres, su verdadera herencia ni su verdadera identidad. Pasó muchos años de su formación pensando: "No sé quién soy".

La historia termina con una medida de justicia. Luego de que Carlina hiciera esa llamada al Centro Nacional de Niños Perdidos y Explotados, las autoridades aprehendieron a Ann

Pettway, quien finalmente confesó su crimen (Pettway continúa pagando una condena en la prisión de Connecticut).

Pero la historia de Carlina es un poco más complicada. Sí, ella les fue presentada a sus padres biológicos, y se alegró de obtener respuestas para las preguntas que la habían inquietado desde su adolescencia. Pero una vez que se marcharon los equipos noticiosos y el circo mediático se sosegó, Carlina tuvo que pasar por el difícil proceso de juntar las piezas de su vida.

Una de esas piezas era su identidad. ¿Quién era ella? ¿Cómo se llamaría a sí misma: Carlina White o Nejdra Nance? Era una difícil pregunta que responder. Cuando se le ha mentido toda su vida, las respuestas no son tan fáciles como podría pensarse. En una entrevista con la revista *New York*, Carlina dijo que ella ha continuado con su vida, pero que no se identifica con ninguno de los dos nombres, Carlina o Nejdra. En cambio, ella le dice a la gente que la llame "Netty".

Primero Carlina. Luego Nejdra. Ahora Netty.

Crisis de identidad

Yo creo que uno de los problemas más grandes que la Iglesia está enfrentando hoy es el robo de identidad. En la nueva sociedad cibernética en que vivimos pensamos del robo de identidad como un pasaporte alterado o una tarjeta de crédito robada; pero yo estoy hablando de algo mucho más peligroso.

Estoy hablando de personas quienes, como Carlina White, han mentido durante tanto tiempo que han comenzado a creer la mentira. No saben quiénes son y no tienen idea de adonde se dirigen. Incluso pueden ser creyentes en Jesucristo quienes aman a Dios, pero han creído las mentiras de Satanás tanto tiempo que simplemente no conocen su tremendo valor como hijos de Dios. Ya sea que no sepan acerca de las ricas promesas de Dios para sus hijos, o si las conocen, ellos asumen que esas promesas son para los cristianos más "perfectos", y que eso no los incluye.

La verdad es que muchos cristianos van por ahí diciendo: "No sé quién soy". Están teniendo una vida muy lejana de su destino, porque no conocen su identidad.

Usted necesita comprender que esta crisis de identidad no sucede por casualidad. Es uno de los trucos favoritos del diablo. Si él puede evitar que se dé cuenta de quién es usted en realidad, puede detenerlo de hacer aquello para lo que fue creado y puede evitar que disfrute la vida que Dios tiene para usted.

Es por ello que el diablo ataca incansablemente su identidad. Su estrategia es la misma todos los días: él acusa, miente, condena. Todo ello es parte de su plan para evitar que usted descubra quién es en Cristo y las promesas que ha recibido. Lo último que él desea que usted crea es que no importa cuántos errores haya cometido, ¡no es demasiado tarde para comenzar de nuevo!

Ya sea que usted haya sido salvo 30 minutos, 30 días o 30 años, cuidado: usted *sí* tiene un enemigo. El diablo no es solo un personaje de Halloween. Es un adversario real y desea alejarlo de un nuevo comienzo. Primera de Pedro 5:8 nos dice:

> *Sed sobrios, y velad; porque vuestro adversario el diablo, como león rugiente, anda alrededor buscando a quien devorar.*

Cuando tenía poco tiempo en el cristianismo, pasé muchos años sin saber que tenía un enemigo. Nunca escuché un sermón en la iglesia acerca del diablo. No sabía que él deseaba condenarme y mantenerme atada a las actitudes, acciones y mentalidades derrotadas del pasado.

Pero Jesús me aclaró cómo opera el diablo. En Juan 10:10 (NVI), Jesús dijo que el diablo "no viene más que a robar, matar y destruir". Las tácticas del enemigo no deberían sorprendernos. Tal como todo lo demás de nuestra vida, el diablo desea robar nuestra identidad, matar nuestro sentido de valor y destruir nuestra felicidad.

El robo de identidad no es un truco nuevo; el enemigo ha estado usando este ataque durante mucho tiempo. Considere a los jóvenes hebreos que fueron llevados cautivos a Babilonia en Daniel capítulo 1. Sus nombres eran Ananías (que significa "Yahvé ha sido misericordioso"), Misael (que significa "¿Quién como Dios?"), y Azarías (que significa "Yahvé ha ayudado"). Esos hombres tenían un nombre divino—una identidad divina—, pero esa identidad fue lo primero que estuvo bajo ataque.

Cuando fueron capturados y exiliados a una nación impía, sus nombres fueron cambiados inmediatamente. Ya no fueron identificados como Ananías, Misael y Azarías; ahora eran identificados como Sadrac, Mesac y Abed-nego. Los tres nombres estaban relacionados con nombres de dioses caldeos falsos. Los babilonios sabían que si podían provocar que esos adolescentes hebreos olvidaran quienes eran en realidad, ellos podrían hacerlos prisioneros para toda la vida.

Este ataque contra la identidad tiene importantes aplicaciones espirituales. Nos muestra que esa identidad es el mero fundamento de la libertad. Cuando sabemos quienes somos en Cristo y lo que se nos ha prometido en su Palabra, nos negamos a conformarnos con una mentalidad de prisionero.

> *Para pelear por la libertad, debemos creer que nacimos para ser libres.*

Para pelear por la libertad, debemos creer que nacimos para ser libres.

Resista al diablo

Aunque tengamos un enemigo, deseo ser clara al respecto ahora: usted no tiene nada que temer. El diablo no tiene poder sobre usted...¡nada! En el momento que le entregó su vida al

Señor, usted se volvió un hijo de Dios redimido, perdonado y justo. Satanás no tiene un lugar legítimo en su vida.

En lugar de vivir temiéndole a su enemigo, usted tiene el poder de Dios para tener una vida audaz, confiada, productiva y feliz que derrote al enemigo en cada ocasión. Usted nunca tiene que vivir en preocupación ni duda, preguntándose: "¿El enemigo me derrotará hoy?". El Espíritu de Dios que está en usted es mayor que cualquier ataque del diablo. La Biblia le asegura esto: "Hijitos, vosotros sois de Dios, y los habéis vencido; porque mayor (más poderoso) es el que está en vosotros, que el que está en el mundo" (1 Juan 4.4).

Además, el libro de Efesios dice que estamos equipados con la "armadura de Dios" para que podamos "hacer frente a las artimañas del diablo" (Efesios 6:10–11, NVI).

¿Lo vio? Usted no tiene que huir corriendo de las artimañas del diablo; no tiene que solamente sobrevivir a los ataques del diablo. Usted tiene el poder y la autoridad en Jesús para pararse firme…avanzar…comenzar de nuevo.

Yo deseo que usted comprenda realmente lo que eso significa. Usted ya no es víctima de las mentiras y las acusaciones del diablo; usted es un guerrero vestido de toda la armadura que necesita para derrotar al enemigo en cada aspecto de su vida. Usted ha recibido…

- El cinto de la verdad (viviendo en la verdad de la Escritura).
- La coraza de justicia (sabiendo que se encuentra en una buena posición delante de Dios gracias a Jesús).
- El calzado de la paz (caminando en la paz de Dios).
- El escudo de la fe (creyendo las promesas de Dios).
- El casco de la salvación (la esperanza que acompaña su salvación).
- La espada del Espíritu (hablando la Palabra de Dios).

Usted ha sido equipado y ha recibido poder para vencer cualquier ataque. Ahora bien, la Biblia dice que debemos *ponernos* esa armadura—esta es una decisión consciente de nuestra parte—. Con las decisiones diarias que tomamos y las palabras que decimos es como nos ponemos activamente la armadura de Dios.

> *Con las decisiones diarias que tomamos y las palabras que decimos es como nos ponemos activamente la armadura de Dios.*

Por ejemplo, la manera en que nos colocamos la coraza de justicia es a través de recibir la misericordia de Dios, y luego tomar la decisión de decir: "Yo sé quién soy. Yo soy la justicia de Dios en Cristo, y voy a ser audaz en el Señor hoy y a actuar como quien fui creado para ser". Cuando hacemos eso, nos estamos poniendo la armadura espiritual que nos cubre y nos protege. Estamos declarando nuestra identidad.

Le sugiero que dedique algunos minutos en oración cada mañana y diga: "Señor, hoy me pongo la armadura que tú me has proporcionado a través de Jesús. Te agradezco que yo sea justo hoy en Cristo. Yo decido vestir la **coraza de justicia**. Y gracias porque tengo el **escudo de la fe**. Hoy decido vivir por fe y no por vista, confiando en las promesas de tu Palabra. Además te agradezco que me hayas armado con la **espada del Espíritu**...". Y luego vaya a la lista de la armadura, que se encuentra en Efesios 6:13–17, pieza por pieza. Confesar estas promesas en voz alta le ayuda a renovar su mente, a soltar las bendiciones de Dios que son suyas y le recuerda al diablo que usted conoce sus derechos como hijo de Dios. Confesar la Palabra es una de las maneras de soltar nuestra fe para que obre por nosotros.

Me asombra ver cuántos cristianos permiten que el enemigo los atropelle. Les ha mentido tantas veces, diciendo: "No eres suficientemente bueno. Lo echaste a perder demasiado. Dios está enfadado contigo. No te mereces una segunda oportunidad", entre otras cosas, de tal forma que gradualmente comienzan a creer sus mentiras y acusaciones.

Usted posiblemente sepa exactamente de qué estoy hablando. Si usted ha abandonado un sueño, ha dejado de orar por una necesidad, le ha dado la espalda a una promesa o ha perdido la sensación de esperanza, posiblemente se deba a que está experimentando una crisis de identidad. En lugar de pararse en la Palabra de Dios y saber quién es en Cristo, usted ha comenzado a identificarse con su pasado, sus pecados, sus temores y su entorno.

Usted no tiene que vivir así. Dios desea liberarlo de la esclavitud de la crisis de identidad y asegurarle su identidad en Él. Él desea que usted tenga una vida llena de gozo, esperanza y propósito. Ese es su plan para usted.

Para resolver la crisis de identidad, usted debe comprender que existe una gran diferencia entre su "quien" y su "hacer". En otras palabras, *quien* usted es no está determinado por lo que usted *hizo* o *hace*. Desde luego, usted lo ha arruinado, todos lo hemos hecho. Por supuesto, usted cometió un error, todo lo hemos hecho. Claro, usted desea mejorar, todos lo deseamos. Pero esas acciones no lo identifican; su posición en Cristo es lo que lo identifica. Cuando el diablo trate de decirle lo contrario, levántese contra él.

Santiago 4:7 lo dice de esta manera: "Someteos, pues, a Dios; resistid al diablo, y huirá de vosotros".

Usted puede decir: "Bueno, Joyce, eso suena fácil, pero no tengo idea de cómo hacerlo. ¿Cómo resisto al diablo? ¿Cómo me levanto contra él? ¿Cómo descubro mi identidad?".

Bien, me alegra que haya preguntado, porque le tengo buenas noticias...

Su identidad en Cristo

La mejor manera de vencer una mentira es conociendo y hablando la verdad. La siguiente vez que el enemigo le mienta, yo deseo que usted utilice la siguiente lista para declarar su identidad en Jesucristo.

Cuando el diablo pregunte: "¿Quién te crees que eres al creer por sanidad?". "¿Quién te crees que eres al inscribirte de nuevo a la escuela?". "¿Qué crees que estás haciendo? No puedes perdonar a la persona que te lastimó". "¿Quién te crees que eres al intentar elegir cosas sanas?". "No puedes cambiar, es demasiado tarde". Solo respóndale, diciendo:

- Yo soy la justicia de Dios en Cristo Jesús (2 Corintios 5:21).
- Soy perdonado de todos mis pecados (Efesios 1:7).
- Soy nacido de Dios y el maligno no me toca (1 Juan 5:18).
- He resucitado con Cristo y estoy sentado en los lugares celestiales (Efesios 2:6; Colosenses 2:12).
- Soy un creyente y la luz del evangelio resplandece en mi mente (2 Corintios 4:4).
- Soy más que vencedor a través de Él que me ama (Romanos 8:37).
- Soy vencedor por la sangre del Cordero y la palabra de mi testimonio (Apocalipsis 12:11).
- Soy cabeza y no cola; estoy por encima y no por debajo (Deuteronomio 28:13).
- Soy grandemente amado por Dios (Romanos 1:7; Efesios 2:4; Colosenses 3:12; 1 Tesalonicenses 1:4).
- Soy fortalecido con todo poder conforme a la potencia de su gloria (Colosenses 1:11).
- Soy la luz del mundo (Mateo 5:14).
- Soy una nueva criatura en Cristo (2 Corintios 5:17).
- Yo puedo hacer todo a través de Jesucristo (Filipenses 4:13).
- Soy redimido de las maldiciones del pecado, la enfermedad y la pobreza (Deuteronomio 28:1–14; Gálatas 3:13).
- Soy sanado por las llagas de Cristo (Isaías 53:5; 1 Pedro 2:24).

- Soy hechura de Dios, creado en Cristo para buenas obras (Efesios 2:10).
- Soy coheredero con Cristo (Romanos 8:17).

Y esas son solo algunas de las *muchas* cosas que nos identifican como hijos del Dios Altísimo. Le animo a hacer su propio estudio acerca de la "identidad en Cristo", porque la lista continúa.

Esta es la verdad de quien usted es *en realidad*. No somos identificados por nuestro trasfondo, nuestra crianza, nuestro nivel educativo, nuestros errores, nuestros altibajos; somos identificados por la obra poderosa de Dios 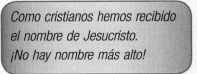 para nosotros y en nosotros. Como cristianos hemos recibido el nombre de Jesucristo. ¡No hay nombre más alto!

Hay una historia conocida que se cuenta acerca del conquistador legendario, Alejandro Magno.

> *Una noche, mientras caminaba por el campo, el brillante comandante se topó con un soldado que se había quedado dormido durante su guardia. Ese era un grave delito, delito que podía ser castigado con la muerte.*
>
> *Al sentir movimiento a su alrededor, el soldado se despertó y encontró al comandante parado sobre él. Se levantó de un salto, temiendo por su vida. Alejandro Magno le preguntó al asombrado centinela: "Soldado, ¿cómo se llama?".*
>
> *"Alejandro, señor", respondió el soldado con inquietud.*
>
> *Alejandro Magno preguntó de nuevo: "Soldado, ¿cómo se llama?".*
>
> *"Mi nombre es Alejandro, señor".*

Una tercera vez, Alejandro Magno inquirió: "Soldado, ¿cómo se llama?".

Y por tercera vez, el soldado respondió: "Señor, mi nombre es Alejandro".

Alejandro Magno miró atentamente al soldado y le dijo: "Joven, cambie su conducta o cambie de nombre".

Al joven soldado de esta historia le habían dado un gran nombre. Y su comandante le desafió a reconocer la importancia de su nombre y a conducirse de manera diferente que antes. Es un poderoso ejemplo de la identidad.

Lo mismo sucede con nosotros. Usted y yo hemos recibido un gran nombre: el nombre de Cristo. Él se ha convertido en nuestra identidad. Pero a diferencia de la historia de Alejandro Magno, Dios no está enfadado ni decepcionado cuando no logramos estar a la altura de su nombre. La verdad es que todos fallamos de vez en cuando.

Usted no recibió a Cristo mediante su propio esfuerzo o logros. Su identidad fue un regalo gratuito que Dios le dio por causa de su gran amor por usted. Habrá veces en que usted se duerma durante la guardia—cuando fracasa y se queda corto—, pero su gracia está ahí para usted cuando eso sucede.

Esto no significa que nos aprovechemos de la gracia de Dios. No vamos por ahí haciendo a propósito cosas que lastiman al Espíritu Santo. Desde luego deseamos vivir cada día en obediencia a la Palabra de Dios. Eso solo significa que nos negamos a permitir que el diablo nos condene cuando no damos la talla.

¿Demasiado tarde?

Usted ha recibido una poderosa nueva identidad en Cristo. No permita que el diablo le diga que es algo menos de lo que es. Usted es coheredero con Cristo, amado y aprobado por Dios mismo. Pase cada día confiado de su posición en Cristo. Esta seguridad es la que le inspirará a tomar decisiones que honren a Dios en su vida y a comenzar a buscar a Dios con una pasión renovada.

En los años que he pasado estudiando y enseñando la Palabra de Dios, he descubierto esta importante verdad: nunca es demasiado tarde para descubrir su verdadera identidad. Sin importar por lo que haya pasado, Dios desea que usted sepa que es su hijo o su hija, y que usted vale más de lo que sabe.

Hoy es el día de rechazar las mentiras del enemigo, no permita que lo detengan más.

Posiblemente su padre o su madre le dijeron que nunca llegaría a nada.
Esa fue una mentira.
Nunca es demasiado tarde para descubrir su verdadera identidad.

Posiblemente un maestro le dijo que usted no tenía lo necesario para tener éxito.
Eso fue una mentira.
Nunca es demasiado tarde para descubrir su verdadera identidad.

Posiblemente alguien abusó de usted y se siente quebrantado y sin esperanza de solución.
Eso es una mentira.
Nunca es demasiado tarde para descubrir su verdadera identidad.

Posiblemente su cónyuge lo abandonó y usted cree ser desagradable.
Eso es una mentira.
Nunca es demasiado tarde para descubrir su verdadera identidad.

Posiblemente fracasó al esforzarse por una carrera y se siente débil e insuficiente.
Esa es una mentira.
Nunca es demasiado tarde para descubrir su nueva identidad.

Yo creo que hoy es un nuevo comienzo para usted. Es tiempo de sacudirse las mentiras que lo han detenido por tanto tiempo. Hoy es un día de destino. Hoy es un día de sanidad. Hoy es el día en que usted puede decir con confianza: "Yo soy un hijo de Dios, soy amado, valioso, talentoso y perdonado. ¡Yo sé quién soy en Cristo!".

Resumen

- El enemigo intentará atacar su identidad.
- Usted tiene poder y autoridad en Cristo para vencer al diablo y rechazar sus mentiras.
- Usted ha sido equipado y ha recibido poder con la armadura de Dios.
- Existe una gran diferencia entre su "quien" y su "hacer". *Quien* usted es no está definido por lo que *hizo*.
- ¡La identidad que tiene en Cristo le hace una persona nueva!
- Nunca es demasiado tarde para descubrir su verdadera identidad.

> *"Moisés pasó cuarenta años en el palacio del rey pensando que era alguien; luego vivió cuarenta años en el desierto descubriendo que sin Dios no era nadie; finalmente pasó cuarenta años descubriendo cómo es que un nadie con Dios puede ser alguien".*
>
> —Dwight L. Moody

CAPÍTULO 8

Encuéntrese en lo hermoso

"Haga lo que pueda con lo que tenga, donde esté".
—Theodore Roosevelt

Cuando me senté para escribir este libro, supe que esta sección sería extremadamente importante. *Usted puede comenzar de nuevo* es un mensaje de esperanza: se trata acerca de comienzos frescos e inicios nuevos. Este libro tiene la intención de recordarle que nunca es demasiado tarde para emprender un nuevo viaje con Dios...en cualquier aspecto de su vida. Sin embargo, ningún viaje está exento de desafíos. Yo no estaría ayudándole si no le dijera acerca de los obstáculos del camino.

La Biblia utiliza frases como *guarda tu corazón* (Proverbios 4:23), *sed sobrios y velad* (1 Pedro 5:8), y *mirad bien* (Hebreos 12:15) por una razón. No necesitamos temer, pero debemos estar conscientes de esto: hay saboteadores que trabajan para destruir nuestra fe antes de que siquiera dejemos el puerto. Es por ello que esta segunda sección (*¿Qué lo está deteniendo?*) es tan crucial.

A través del poder del Espíritu Santo podemos vencer cualquier oposición; pero para poder hacerlo, primero debemos saber qué oposición es. No creo que debamos siempre enfocarnos solamente en los obstáculos—nuestro enfoque siempre está en Jesús—, pero los obstáculos continúan siendo parte de la ecuación. Por ejemplo: ganar una victoria significa *derrotar a un enemigo*, y avanzar hacia algo nuevo normalmente significa *salir de algo viejo*. Cuando decidimos hacer lo correcto y en realidad comenzamos a hacerlo, vencemos el mal con el bien. Sin embargo, el mal continuará tratando de oprimirnos y tentarnos.

Posiblemente sea por eso que el apóstol Pablo sintió que era importante incluir esta frase en 2 Corintios 5:17:

> ... *Las cosas viejas pasaron.*

Entre las dos frases que hablan de la esperanza de algo nuevo, Pablo nos recuerda que soltar lo viejo es una parte importante del proceso. Aquí está el versículo completo:

> *De modo que si alguno está en Cristo, nueva criatura es; las cosas viejas pasaron; he aquí todas son hechas nuevas.*
>
> —2 Corintios 5:17

Las viejas mentalidades, las relaciones enfermizas, las mentiras del diablo, las heridas del pasado, las actitudes de derrota, los hábitos incapacitantes: todos estos son obstáculos en el camino hacia descubrir que no es demasiado tarde para comenzar de nuevo. Son parte de las cosas "viejas" que Pablo dice que "pasaron". La buena noticia es que usted ya no tiene que permitir que estos impedimentos del pasado afecten su presente y su futuro.

Jesús dijo que nadie debe poner remiendo de paño nuevo en vestidos viejos, y que no debemos poner vino nuevo en odres viejos (Mateo 9:16–17). Muchos cristianos intentan mantener la antigua vida y solo añadirle algunas cosas nuevas; ¡pero Dios nos está ofreciendo algo completamente nuevo! No debemos continuar mezclando lo viejo con lo nuevo. Obtenga completamente nuevas actitudes y formas de pensar (Efesios 4:23). Ese es el camino de la antigua vida hacia la nueva.

Espero que usted tenga eso en mente mientras lee este capítulo. Comenzamos esta sección hablando acerca de la oposición externa (las acusaciones de los demás y las mentiras del enemigo); pero en este capítulo es hora de ir a lo personal. En las siguientes páginas hablaremos acerca de su propia oposición interna. Problemas como la inseguridad, la inferioridad, el remordimiento y el desánimo son cosas que usted puede confrontar y derrotar a medida que avance con Dios. Con la ayuda del Espíritu Santo, usted puede cambiar estas maneras de pensar, pero se necesitará de decisiones valientes y audaces de su parte.

Yo creo que Dios tiene preparado algo importante para usted en este capítulo. Él le ayudará a descubrir su valor y su destino en Él. Recuerde que el plan de Dios para su vida no depende de sus circunstancias, sus dudas o incluso sus sentimientos; su plan es mucho más grande que todo eso.

> *El plan de Dios para su vida no depende de sus circunstancias, sus dudas o incluso sus sentimientos; su plan es mucho más grande que todo eso.*

Lauren Scruggs descubrió que esto es vedad. Posiblemente recuerde su historia...

La historia de Lauren

Modelo. Cronista de moda. Viajera mundial. Parecía que Lauren Scruggs lo tenía todo.

No solamente era hermosa, ella era ambiciosa. Habiéndose graduado con honores de la universidad y realizado dos pasantías en la ciudad de Nueva York, Lauren (cuya familia y amigos la llamaban "Lolo") pasó sus días desarrollando y escribiendo un diario de moda por internet, es lo que le encantaba hacer. Su vida marchaba tal como ella lo planeó. Lauren Scruggs parecía estar viviendo el sueño. ¿Qué podría salir mal?

La llamada al 911 entró a las 8:48 p.m., el 3 de diciembre de 2011:

Operadora: "911. ¿Cuál es su emergencia?".
Usuario: "Una chica chocó con un avión [las hélices]. ¡Necesito inmediatamente una ambulancia!".
Operadora: "¿El avión se estaba moviendo cuando sucedió?
Usuario: "Sí... ella está en el suelo... no se está moviendo".

Esa fue la noche en que cambió la vida de Lauren Scruggs, y fue la noche en que fue lanzada al escenario mundial.

La historia de Lauren ha sido relatada por agencias noticiosas de todo el mundo. Luego de asistir a la iglesia con su familia esa noche de diciembre, Lauren abordó un vuelo con amigos en una avioneta monomotor para volar sobre Dallas, Texas, y ver la iluminación navideña.

El vuelo fue tranquilo y normal, pero momentos después de aterrizar, un extraño accidente en el pavimento amenazó la vida de Lauren. Luego de salir del avión, la joven modelo giró en la dirección equivocada y se dio contra las hélices en funcionamiento. Cuando llegaron los paramédicos llegaron a la escena del accidente, ellos se preguntaron si ella siquiera sobreviviría esa noche.

Lauren fue rápidamente trasladada al hospital, donde el personal médico trabajó febrilmente para salvarle la vida. Mientras familiares y amigos oraban toda la noche y un equipo de cirujanos incansables trabajaban heroicamente, el temor se tornó en alivio cuando anunciaron que Lauren sobreviviría. Pero surgieron nuevos problemas: nadie estaba seguro si su cuerpo respondería a las múltiples lesiones.

La hélice golpeó la cabeza de Lauren y el lado izquierdo de su cuerpo. Entre sus lesiones se encontraba fractura craneal, una clavícula rota, la pérdida de su ojo izquierdo y la pérdida de su mano derecha. Fue un milagro que sobreviviera al accidente, pero los médicos advirtieron que se necesitarían muchos más milagros para una completa recuperación. "¿Despertaría con la misma personalidad?". "¿Podría formar una frase de nuevo?". Estas eran preguntas para las que nadie tenía respuestas. A los padres de Lauren, Jeff y Cheryl Scruggs, les dijeron que se prepararan para lo peor.

En una entrevista para *I Am Second,* Cheryl recuerda esa noche:

> *La primera noche [Lauren] estuvo en cirugía durante ocho horas [...] yo me sentía indefensa. Como mamá nunca sueñas que tu hijo pasará algo así [...] Yo no podía hacer nada para cambiarlo. Pero sí sabía que [Lauren] tenía una profunda fe y eso era bastante asombroso. Yo sabía que a medida que diéramos los pasos para el futuro y hacia el futuro, Dios sería nuestra roca. Jesús sería nuestra fortaleza y eso era en lo que podíamos confiar.*

Cuando la noticia del accidente de Lauren atrajo la atención nacional e internacional, personas alrededor del mundo comenzaron a orar y a enviarle pensamientos de ánimo a la familia Scruggs. Millones siguieron su recuperación y celebraron la noticia de que Lauren no había sufrido ningún daño cerebral ni trastorno de su personalidad.

A partir del accidente, Lauren ha pasado por bastante rehabilitación física, y los ajustes emocionales por la pérdida de su ojo y su mano no han sido fáciles. Pero a pesar de todo ello, su valentía y su fuerza han sido muy asombrosas. El mundo pudo ver a una joven que confía en Dios y encuentra fuerza a través de su fe en Él.

En su primera entrevista de televisión luego de su accidente, Lauren dijo:

> *En lo emocional, los días a veces son difíciles de tan solo aceptar la pérdida de mi ojo y mi mano, pero eso cada vez mejora. Me doy cuenta de que Dios tiene el control de mi vida y que hay un propósito en esta historia. Espiritualmente hablando, acabo de aprender a vivir por fe y no por vista. Aunque he perdido mi ojo izquierdo, me doy cuenta de que el Señor tiene un propósito en ello y necesito usar eso.*

En otra entrevista dijo:

Creo que me estoy dando cuenta de que la vida es más grande que yo, y pienso que muchas de las cosas que antes me parecían importantes en mi carrera eran bastante superficiales. Solo deseo utilizar lo que he pasado para hablarles a las jóvenes y hacerles saber que nuestra apariencia no es lo que nos define. Las inseguridades a las que nos aferramos no nos definen. El Señor simplemente es un lugar dulce al cual acudir.

Lauren "Lolo" Scruggs es una inspiración para todos nosotros. Ella se niega a permitir que las circunstancias difíciles arruinen su vida. Ella pudo haber sentido lástima por sí misma y haber perdido la fe en el futuro; en cambio, ella encontró un nuevo propósito—un nuevo comienzo—y está viviendo al máximo. El 16 de noviembre de 2012, Lauren dijo en el programa *The Today Show* de NBC: "He aprendido a apreciar mucho más la vida. Mi gozo en la vida se ha intensificado, e incluso mi compasión por la gente se ha fortalecido".

¿Apreciar la vida? ¿Un gozo intensificado? Posiblemente Lauren Scruggs esté viviendo el sueño, después de todo.

Negarse a ser controlado por sus sentimientos

Si alguien estuviera buscando razones para desanimarse y darse por vencido, Lauren Scruggs tendría bastantes. Ella pudo haberse conformado fácilmente con una mentalidad de víctima—nadie la culparía—. Estoy segura de que hubo muchas veces en que ese temor, la inseguridad, la duda y muchos otros sentimientos intentaron ahogar su fe. Pero Lauren se negó a tener una vida sujeta a esos sentimientos. En cambio, ella ha decidido aprovechar al máximo cada día y confiar en que Dios tiene un plan asombroso para su vida. Todos deberíamos vivir de esa manera. Por favor observe que dije *ha decidido*. ¿Está usted dispuesto a tomar una decisión sana con respecto a sus propias inseguridades?

¿Qué deficiencia o incapacidad imaginarias de su vida lo están deteniendo? Recuerde que usted es mucho más que la manera en que luce o el puesto que tiene en su lugar de trabajo, y no hay nadie más en la Tierra igual a usted.

> *Ya que usted es único, eso lo hace excepcional y extremadamente valioso.*

Ya que usted es único, eso lo hace excepcional y extremadamente valioso. Aprenda a estar seguro en el amor que Dios siente por usted. Sea usted mismo y levántese firme contra la inseguridad como usted lo haría con un ladrón que deseara entrar en su casa.

Yo creo que una de las razones por las que mucha gente está muy infeliz en la vida es que vive cautiva de sus propios sentimientos. Le sorprendería saber que no siempre es la influencia de los demás o el ataque del diablo lo que aleja a mucha gente de un nuevo nivel de gozo y victoria en su vida: son sus problemas internos. Su felicidad (o falta de ella) depende de cómo se sienta en un momento en particular. Si las cosas van bien y se sienten bien respecto de los sucesos del día piensan: "¡Aleluya! ¡La vida es grandiosa! ¡Alabado sea Dios por este día!". Pero en el momento en que algo sucede cambian de humor, ¡cuidado! Las cosas pueden ir cuesta abajo rápidamente:

El *"¡Aleluya!"* se vuelve: *"¿Cómo pudo haber sucedido eso?"*.
El *"¡La vida es grandiosa!"* se convierte en: *"¡La vida apesta!"*.
El *"¡Alabado sea Dios por este día!"*, se torna en: *"¡Dios tiene la culpa de este día!"*.

Su inseguridad, su paz y su gozo están conectados a sus circunstancias. Si las cosas están marchando bien, ellos se sienten amados; pero si no están marchando bien, ellos piensan que Dios no los ama o que están siendo castigados por algún pecado que cometieron.

Yo solía vivir de esta manera. Durante años caminé por la

vida cautiva por mis sentimientos. Podía estar teniendo un día grandioso, pero en el momento que alguien decía algo que me enfadaba, me hacía sentir insegura; o en el momento que sucedía algo que me preocupaba, mi día se arruinaba inmediatamente. Y lo que estuviera sintiendo en un día en particular determinaba y afectaba mi relación con Dios.

Gracias a Dios que el Señor me liberó del capataz de la volubilidad. Entre más estudiaba la Palabra, más comenzaba a ver que yo era llamada a ser conducida por la Palabra y el Espíritu, no dirigida por mi alma (mente, voluntad y emociones). Aprendí que puedo no ser capaz de controlar el pensamiento que surgió en mi mente o el sentimiento que nació en mi corazón, pero podía controlar lo que yo *hacía* con ese pensamiento o sentimiento. Ya no tenía que dejar que los sentimientos negativos y destructivos gobernaran mi vida; en cambio, podía tomar autoridad sobre mis propias emociones y someterlas a Dios, y decidir pararme en la Palabra de Dios. Esta fue una revelación poderosa que me dio un nuevo comienzo en mi vida en muchos aspectos (si este es un problema en su vida, le sugiero que lea mi libro al respecto, *Vive por encima de tus sentimientos*).

Muchos cristianos están culpando al diablo por sus heridas autoinfligidas. Pero cuando nos estamos golpeando a nosotros mismos y criticándonos, el diablo puede avanzar con alguien más, ya estamos bajo ataque...nuestro propio ataque.

Permítame mostrarle a qué me refiero. Aquí hay tres sentimientos que alejan a muchos creyentes de tener la vida abundante y llena de gozo que Jesús vino a darles (advertencia: estos pueden tocarle algunas fibras).

1. La inseguridad.

La inseguridad ataca a nuestra sociedad en proporciones épicas. Parece que nos encontramos con personas delicadas e inseguras dondequiera que vamos...incluso en la iglesia. La inseguridad mantiene a la gente tan enfocada en sus debilidades percibidas que no pueden ver nada más. Viven en temor y con una "mentalidad de derrota", porque la inseguridad está influyendo en cada decisión que toman. Sus pensamientos están enfocados en lo que la gente piensa de ellos en lugar de en cómo bendecir a los demás.

Las inseguridades a menudo nacen de cosas hirientes que los demás han dicho acerca de nosotros o de mentiras que el enemigo nos dice, pero solamente crecen cuando nosotros decidimos alimentarlas.

Como hijo de Dios, usted no tiene que vivir bajo las nubes de tormenta de la inseguridad. Cuando usted decida recibir su aceptación y autoestima de Dios, nunca necesitará estar inseguro alrededor de la gente otra vez. Dios desea que usted viva con una confianza audaz, creyendo en fe en que sus propósitos y planes sucederán en su vida. Las cosas buenas no suceden en nuestra vida por nosotros; a menudo suceden a pesar de nosotros. Son el resultado del amor, la misericordia y la gracia de Dios. Crea por fe que todas las cosas son posibles con Dios, ¡incluso el que Él haga cosas grandes por usted y a través de usted!

> *Cuando usted decida recibir su aceptación y autoestima de Dios, nunca necesitará estar inseguro alrededor de la gente otra vez.*

- La inseguridad susurra: "No puedes hacer esto porque eres demasiado débil, inexperimentado, estás herido y quebrantado".
  La fe grita: "Todo lo puedo en Cristo que me fortalece" (Filipenses 4:13).
- La inseguridad susurra: "No eres suficientemente talentoso, atractivo ni inteligente".
  La fe grita: "¡Soy una creación admirable!" (Salmos 139:14, NVI).

No estoy hablando acerca de alguna técnica trivial de autoayuda. Lo estoy animando a creer y hablar la Palabra de Dios para derrotar a un peligroso enemigo: un enemigo que viene para matar, robar y destruir.

En Números capítulo 13, los espías hebreos les dieron a Moisés y al pueblo un reporte bastante inquietante. Ellos pasaron 40 días explorando la Tierra Prometida, pero cuando regresaron de su misión era obvio que su confianza se había sacudido. Prácticamente se puede escuchar la inseguridad en su voz cuando dijeron: "...Y éramos nosotros, a nuestro parecer, como langostas; y así les parecíamos a ellos" (Números 13:33). Ellos no solamente dijeron: "Nuestros enemigos creen que somos bichos pequeños e insignificantes". Ellos dijeron: "¡*Nosotros* creemos que somos bichos pequeños e insignificantes!". Tristemente, esta inseguridad evitó que estos hombres y todos los que los escucharon entraran a la Tierra Prometida.

Usted no tiene que dejar que lo mismo le suceda hoy. Dios ha arreglado que usted tenga una vida llena de cosas maravillosas. Él no desea que usted pase sus años vagando por el desierto; desea que usted reciba todo aquello por lo que Jesús murió. Sí, habrá batallas en el camino y habrá veces en que usted se sienta insuficiente para la tarea. En esos momentos es cuando usted debe rechazar aquellos viejos sentimientos de inseguridad y confiar en que el Señor pelea por usted sus batallas. ¡No se vuelva atrás...siga adelante! Siempre recuerde que su fe en Dios finalmente ganará cada batalla.

Hebreos 10:39 (NVI) lo dice de este modo: "Pero nosotros no somos de los que se vuelven atrás y acaban por perderse, sino de los que tienen fe y preservan su vida".

2. Los remordimientos y los miedos.

Otra fuente de oposición interna es el peligroso dúo de los remordimientos y los miedos. Estos dos van de la mano y están igualmente cimentados en el temor. Los remordimientos hacen que temamos las consecuencias de los errores del pasado, y los miedos nos hacen temer las consecuencias de los percances del futuro. Ambos asumen lo peor; ninguno proviene de Dios.

Yo recuerdo haber corregido a mi hijo, David, cuando era adolescente. Él hizo algo que no debía hacer y yo le estaba explicando por qué fue una decisión equivocada y cómo esperaba que actuara de manera diferente en el futuro. Lo que él me dijo como respuesta a mi corrección me hizo caer en picada hacia el remordimiento. Me dijo: "Bueno, yo no sería de la manera que soy si tú no me hubieras tratado como lo hiciste". David era suficientemente grande entonces para saber que yo había sido abusada y que yo a menudo admitía estar superando problemas de comportamiento que se desarrollaron a partir de mi pasado disfuncional. Él también era lo suficientemente astuto para utilizarlo como pretexto para su propio mal comportamiento.

Yo me sentí realmente terrible el resto del día. Cuando David era menor y yo estaba resolviendo algunos de mis propios problemas, probablemente le grité más a él que a mis otros hijos. En todo lo que podía pensar era en los errores que cometí en la crianza. "Debí haberlo hecho mejor". "Pude haberlo hecho mejor". "Es mi culpa. Él estará marcado de por vida" (si usted es padre o madre, probablemente sabe de lo que estoy hablando. No hay un manual de *Cómo ser un padre perfecto* disponible en las librerías). No hay ningún hijo que haya tenido padres que nunca cometieran un error en el viaje de la crianza.

¿Puede ver cómo esos pensamientos que yo estaba albergando estaban basados en el temor? Me estaba arrepintiendo de mis fallas y con miedo de sus consecuencias, temiendo que hubiera arruinado la vida de mi hijo. Pero el Espíritu Santo me habló en medio de mi derroche de remordimiento y miedo. Me dijo: *Joyce, David tiene la misma oportunidad de superarlo que tú. No todos tiene que ser*

> Dios nos ofrece victoria en medio de la dificultad, no en su ausencia.

tratados perfectamente en la vida para tener un buen carácter". Dios nos ofrece victoria en medio de la dificultad, no en su ausencia.

Esa fue una revelación muy liberadora. Inmediatamente pasé de una mentalidad basada en el temor a una mentalidad basada en la fe. En lugar de creer: "Lo he arruinado, las cosas serán terribles", decidí creerle a Dios y confiar: "Dios puede redimir mis fallas, yo estoy creyendo en Él para cosas buenas". Regresé a la habitación de David y le compartí lo que Dios me había hablado. Resultó ser una gran lección para ambos.

El mismo principio se aplica a cada aspecto de su vida en el que no se confrontan los remordimientos y los miedos. Estas son preocupaciones dañinas y basadas en el temor que lo arrastrarán y evitarán que alcance nuevos niveles de victoria en su vida. Si siente temor de su pasado y teme su futuro, usted estará congelado en un presente disfuncional. Solamente existe una solución y viene directamente de 1 Pedro 5:7: "Pongan todas sus preocupaciones y ansiedades en las manos de Dios, porque él cuida de ustedes" (NTV). Saque de su vida todas esas preocupaciones y nunca las recoja de nuevo. Dios es un Dios de justicia, y eso significa que Él compone todo lo que está mal si nosotros confiamos que Él lo hará.

Ahora, si usted puede restituir algo que hizo en el pasado y mejorarlo, debe hacerlo desde ya. Sin embargo, si no hay nada que pueda hacer acerca del error o la falla de su pasado, lo mejor que puede hacer es dejarlo ir. No le va a hacer bien cargarse de remordimiento. El remordimiento no es fe. El remordimiento es básicamente decir que Dios no puede ocuparse del problema. Es declarar que nuestros errores son mayores que la gracia de Dios y que simplemente no es verdad. Nuestra "maldad" no es mayor que la "bondad" de Dios.

Hebreos 8:12 dice: "Porque seré propicio a sus injusticias, y nunca más me acordaré de sus pecados y de sus iniquidades". Si Dios elije perdonar y olvidar nuestros pecados, nosotros también debemos elegir perdonarnos a nosotros mismos y olvidar nuestros pecados.

3. El desánimo.

El misionero William Ward dijo que el desánimo es "la insatisfacción del pasado, el disgusto por el presente y la desconfianza del futuro". Si ha lidiado con el desánimo en su vida, usted sabe que esto es verdad. El desánimo nos roba el celo que necesitamos para vivir. Nos hace creer que fracasaremos antes de que siquiera intentemos triunfar.

Las experiencias de mi propia vida y ministerio con los demás me han mostrado que el desánimo es un sentimiento con el que tenemos que lidiar con regularidad. Intenta entrar sigilosamente en nuestra vida incluso con las cosas más pequeñas. Dormimos demás y nos perdemos del ejercicio matutino...desanimados. No logramos terminar todo lo de nuestra lista de quehaceres del día...desanimados. Nos esforzamos mucho para impresionar a nuestro cónyuge, pero no lo nota...desanimados.

No hay nada malo con sentirse desilusionados con algo, lidiar con ello y avanzar, esa es una reacción normal cuando algo no resulta como lo esperábamos. Pero el desánimo no nos deja avanzar. El desánimo permanece en nosotros, robándose nuestro gozo, energía y empañando nuestro juicio.

En la Palabra de Dios vemos que David lidió con el desánimo. En 1 Samuel capítulo 30, David y sus hombres regresaron de una batalla solo para descubrir que el enemigo había saqueado sus casas. Los hombres de David estaban enfadados y él estaba desanimado. El versículo 4 dice que David y los hombres "lloraron, hasta que les faltaron las fuerzas para llorar". ¿Alguna vez se ha sentido así? ¿Alguna vez ha estado tan desanimado que lo único que pudo hacer fue llorar hasta que ya no hubo más lágrimas? Bien, si le ha pasado, usted tiene un amigo en David. Él supo cómo era sentir el peso del desánimo.

Pero la Biblia nos dice que David no permitió que

este sentimiento controlara su vida. Él se levantó por sobre el desánimo, negándose a ser cautivo de él. Mire lo que dice la Biblia que David hizo para luchar contra el desánimo: "Mas David se fortaleció en Jehová su Dios" (1 Samuel 30:6). Otro versículo nos dice que David le habló a su alma cuando se sintió abatido, diciendo: "¿Por qué te abates, oh alma mía [...] Espera en Dios" (Salmos 43:5).

David no aceptó el desánimo, no se rindió ante él ni lo soportó; se le enfrentó agresivamente. Cuando comenzó a sentir esos pensamientos y sentimientos impíos, David le habló a su espíritu, animándose en el Señor; y nosotros podemos hacer lo mismo.

> David no aceptó el desánimo, no se rindió ante él ni lo soportó; se le enfrentó agresivamente.

Usted ya no tiene que vivir cautivo por los sentimientos de desánimo. En el momento que comience a sentir desesperación o desánimo—ya sea por algo grande o por algo pequeño—recuerde la bondad de Dios en su vida. Dígase: "No, no voy a vivir en desánimo. Dios ha sido demasiado bueno conmigo como para hacer eso. ¿Por qué te abates, alma mía? ¡Yo voy a tener esperanza en Dios y a estar expectante en Él en esta situación!".

No permita que la inseguridad, los remordimientos y los miedos o el desánimo arruinen su vida. Otras personas pueden vivir cautivas por sentimientos dañinos e impíos, pero usted no tiene que vivir así. Como hijo de Dios usted puede tomar la decisión diaria de vivir por el Espíritu en lugar de vivir por sus emociones. Y cuando lo haga sucederá algo asombroso...

Ya que vivimos por el Espíritu [Santo], sigamos la guía del Espíritu en cada aspecto de nuestra vida.
—Gálatas 5:25, NTV, énfasis añadido

Con Dios, usted siempre avanza...nunca retrocede. Avance hacia algo nuevo. Avance hacia algo mejor. Avance hacia el destino.

Resumen

- La oposición interna es tan peligrosa como la oposición externa. Usted no tiene que vivir cautivo por los sentimientos dañinos e impíos.
- A pesar de sus circunstancias, usted puede tener una vida de gozo y victoria.
- Cuando recibimos nuestra aceptación y autoestima de Dios, la inseguridad se convierte en algo del pasado.
- Dios le ha perdonado sus pecados. Ahora es tiempo de que usted se perdone a sí mismo.
- La mejor manera de luchar contra el desánimo es hablarle a su espíritu como lo hizo David, ¡anímese en el Señor!

Cómo disfrutar su vida...

Anímese con las promesas de la Palabra de Dios (1 Samuel 30:6).

Ninguna condenación proviene del Señor. Viva en el poder de la gracia (Romanos 8:1).

El gozo es para el camino. Elija estar gozoso sin importar sus circunstancias (Romanos 15:13).

Obedezca cuando el Señor le hable (Deuteronomio 11:26–27).

Ayer se terminó. Niéguese a vivir en el pasado (Filipenses 4:13–14).

Usted puede decidir pensar positivamente y tener una buena actitud (Filipenses 4:8).

Proscriba el "pensamiento apestoso". Lleve cautivo todo pensamiento impío (2 Corintios 10:5).

Utilice sus dones y talentos para ayudar a los demás (Romanos 12:13).

Recuerde lo que Dios ha hecho por usted. Esté agradecido (Salmos 103:2).

Viva por fe, no por sentimientos (2 Corintios 5:7).

Invite a Cristo a cada área de su vida (1 Corintios 6:19–20).

Perdone a aquellos que lo lastiman (Efesios 4:32).

Espere la bondad de Dios en cada situación (Salmos 27:14).

CAPÍTULO 9

Venza los gigantes inesperados

"Un barco está a salvo en el puerto, pero los barcos no son para eso".
—William G. T. Shedd

Goliat era un gigante, un obstáculo desagradable. Sin duda, los ejércitos de Israel habían escuchado acerca de él y las exageradas historias de sus múltiples victorias en batalla—su tamaño y su habilidad probablemente eran legendarios—. Usted tiene que recordar que Goliat medía más de nueve pies (2,74 m). La Biblia lo llama un "paladín" filisteo (1 Samuel 17:4). Invicto... arrogante...el mejor de los mejores. Los soldados del ejército de Israel sabían todo acerca de Goliat. Y le tenían miedo.

Pero David no era soldado (todavía), y no había estado peleando en las líneas de combate. David era un pastor que hacía mandados para su papá. Su tarea era llevarles comida a sus tres hermanos mayores: Eliab, Abinadab y Sama, quienes eran soldados de primera línea en la batalla contra los filisteos. Si David hubiera tenido una lista de quehaceres para el día, probablemente habría sido algo así: *(1) Llevarle comida a mis hermanos. (2) Regresar a casa. (3) Apacentar las ovejas.*

Lo ve, Goliat era un obstáculo inesperado. David no se levantó esa mañana planeando enfrentarse uno a uno con un gigante. Posiblemente no había practicado cómo aventar la lanza en unos cuantos días. Él no había pasado la mañana esbozando planes de batalla ni escribiendo discursos de victoria. En todo caso, el peligro y la dificultad probablemente eran lo último en la mente de David. Después de todo, el profeta Samuel acababa de ungirlo como rey un capítulo antes: las promesas habían sido hechas, las bendiciones habían sido dadas. Era obvio que Dios tenía un gran plan para la vida de David. Eso significaba que la vida debía correr sin problemas, ¿no?

Pero ese día parecía que aquellas promesas estaban en peligro. La apariencia de un problema "gigante" tenía el potencial de deshacer lo que se había logrado. David estaba pasando el día intentando hacer lo correcto, y un obstáculo apareció en su camino. *Problema. Presión. Goliat.*

Usted probablemente pueda relacionarse con David en muchas maneras. Algunos de los desafíos más difíciles que ha enfrentado en la vida pueden ser aquellos que no vio venir. Menores o mayores, físicas o emocionales, inconvenientes o devastadoras, las presiones inesperadas pueden ser las más frustrantes. Su coche se descompone, un amigo confiable lo traiciona, usted es despedido de su empleo, su hijo se rebela, la cuenta es más grande de lo que pensaba, le dan un diagnóstico negativo. Estas decepciones (y otras similares) son los "gigantes" de la vida que pueden ser los más difíciles de vencer, simplemente porque usted no los estaba esperando y no se siente listo para vencerlos. Usted va pasando el día intentando hacer lo correcto, y un obstáculo aparece en su camino. *Problema. Presión. Goliat.*

Una nueva fuerza

Yo sé exactamente cómo se siente. También he experimentado problemas imprevistos. Sé cuán frustrantes y desalentadores pueden ser estos "gigantes". Es por ello que deseo escribir acerca de ellos en este capítulo. En los capítulos pasados hemos visto cómo la acusación de los demás, las mentiras del diablo e incluso nuestros propios sentimientos dañinos intentan alejarnos de la mejor vida que Dios tiene para nosotros; pero a veces los obstáculos más difíciles que enfrentamos son solo las presiones de la vida: las pruebas inesperadas que nos sorprenden, debilitan nuestra fuerza y roban nuestro gozo.

¿Ha notado que estos "gigantes" parecen llegar justo en el momento que estamos cerca de la victoria en un aspecto en particular?

- Usted ha estado trabajando meses para salir de la deuda. Está a un mes de la libertad financiera...y llega una cuenta inesperada.
- Decide ponerse en forma, de manera que comienza una nueva rutina de ejercicio, y justo cuando comienza a ver algún progreso...sufre una lesión.
- Ha estado orando que su hijo siga a Dios, y justo cuando piensa que está de vuelta en el camino correcto...toma una mala decisión y se mete en problemas.
- Ha estado orando que el Señor le ayude a perdonar a alguien que lo hirió. Finalmente está listo para decidir perdonar...y la persona hace algo para lastimarlo otra vez.

No solamente las circunstancias difíciles nos golpean cuando no las estamos esperando, pueden golpearnos cuando nos encontramos en el momento más vulnerable. Usted estaba *tan* cerca, estaba *tan* esperanzado, estaba *tan* emocionado...finalmente comenzó a relajarse y a pensar: "Mis problemas se acabaron"; pero ahora va de vuelta al comienzo.

Yo creo que eso es lo que provoca que mucha gente se rinda. Deciden que hay demasiado que vencer, de manera que se desesperan y declaran: "¡Ya fue suficiente! ¡Es demasiado difícil!". Tristemente, aunque estaban tan cerca de la victoria viven en derrota: permanecen endeudados, nunca se ponen en forma, dejan

> *Las presiones de la vida no tienen que derrotarlo ni abrumarlo. No importa cuán grande parezca su problema, usted puede vencerlo con la ayuda de Dios y disfrutar la victoria.*

de orar, se aferran a la amargura, se rinden ante la presión. Y Goliat gana.

Pero ese no es el plan de Dios para su pueblo. Permítame hacerlo más personal: ¡Ese no es el plan de Dios para USTED! Las presiones de la vida no tienen que derrotarlo ni abrumarlo. No importa cuán grande parezca su problema, usted puede vencerlo con la ayuda de Dios y disfrutar la victoria.

Posiblemente piense: *"Estoy cansado. Parece como si no tuviera fuerza para otra batalla".* Bueno, ¿puedo ser sincera con usted? Me alegra que no tenga fuerza para otra batalla, porque si usted intenta pelear con su propia fuerza perderá cada vez. La única manera en que usted realmente vivirá en victoria será confiando en Dios en su debilidad, dependiendo completamente de la fuerza del Señor. Cuando le llevamos a Dios nuestro problema—pidiéndole que nos ayude a vencerlo en lugar de confiar en nuestros propios esfuerzos—, la Biblia dice que Él nos dará toda la fuerza que necesitamos.

> *Pero los que esperan a Jehová tendrán nuevas fuerzas; levantarán alas como las águilas; correrán, y no se cansarán; caminarán, y no se fatigarán.*
> —Isaías 40:31

Si usted lo recibe, ese versículo puede cambiar su perspectiva completa cuando lidie con las presiones que enfrenta diariamente. Usted no está llamado a solamente arreglárselas, aguantar o sobrevivir otro día; la Biblia dice que Dios lo llenará de fuerza y de poder. Usted está llamado a correr y no cansarse; caminar y no fatigarse.

Los cristianos deprimidos, agotados y tristes no han descubierto la verdad de esa promesa—o la han olvidado—. Están viviendo como víctimas de las presiones del mundo. Si ese es usted, hoy puede ser el día en que cambie las cosas y experimente la vida abundante, poderosa y vencedora que Jesús vino a darle. ¡Hoy puede ser el día para comenzar de nuevo!

La fe cambia las tablas completamente en sus problemas. En lugar de pensar que su problema es demasiado grande, usted se da cuenta de que el que "está en ustedes [en mí] es más poderoso" (1 Juan 4:4, NVI). En lugar de estar desanimado por las dificultades comience a reírse de sus problemas (Nehemías 8:10). En lugar de sentir ansiedad por su situación, usted tiene una confianza segura de que Dios hará algo asombroso (Proverbios 3:26).

Me gustaría decirlo de esta manera: "¡Dios nos da la fuerza para presionar contra la presión que nos está presionando!". Esta es la nueva mentalidad que le animo a adquirir. No le tema a su problema, no se presione por su problema y no se desanime por su problema; ataque el problema que lo está atacando a usted. Esta es una actitud bíblica, llena de fe que puede revolucionar su vida. Definitivamente le funcionó a David. Su respuesta a Goliat en 1 Samuel 17 lo cambió todo. El chico pastor estaba comenzando a lucir como rey...

> *"¡Dios nos da la fuerza para presionar contra la presión que nos está presionando!".*

El enemigo inesperado obtiene una respuesta inesperada

Y aconteció que cuando el filisteo se levantó y echó a andar para ir al encuentro de David, David se dio prisa, y corrió a la línea de batalla contra el filisteo.

—1 Samuel 17:48

Tenga en mente que la respuesta típica cuando Goliat entraba al campo de batalla era temor y temblor. Tan solo ver a este enemigo que era más largo que la vida intimidaba a sus oponentes. Y si su tamaño no era suficiente para asustarlo, sus retumbantes amenazas lo eran; sus oponentes corrían de temor cuando Goliat comenzaba a predecir la ruina de todos los que se atrevieran a ir contra él.

Eso es exactamente lo que estaba sucediendo en 1 Samuel 17, cuando David llegó a escena. Goliat estaba lanzando sus armas usuales de intimidación—retando, amenazando y maldiciendo al ejército de Israel—, los soldados estaban hundiéndose en temor. El versículo 24 nos dice: "Y todos los varones de Israel que veían aquel hombre huían de su presencia, y tenían gran temor". Nadie estaba dispuesto a atacar a este enemigo, ni una sola persona.

Pero cuando llegó David a la línea de batalla para entregarles la comida a sus hermanos, la historia comenzó a cambiar. David no se molestó por tener un problema inesperado; decidió lidiar con él. Y debido a que supo que su fuerza venía de Dios, David no estaba intimidado por Goliat como todos los demás parecían estarlo. En el versículo 26, David hizo una asombrosa pregunta: "¿Qué harán al hombre que venciere a este filisteo, y quitare el oprobio de Israel?".

David no preguntó: "¿Por qué me está sucediendo esto a mí?", ni cuestionó a Dios preguntando: "Señor, ¿cómo puedes permitir que esto suceda?". Esas preguntas nacen de la preocupación y la inseguridad. Esas son preguntas que asumen que su problema es más grande que su Proveedor. David sabía que Dios es mayor que cualquier obstáculo que pudiera enfrentar, de manera que básicamente preguntó: "¿Qué sucede si gano?". Donde todos los demás vieron un obstáculo, David vio una oportunidad. David vivía en los campos apacentando ovejas. Eso le dio mucho tiempo para estar solo, conocer a Dios íntimamente, adorarlo y volverse fuerte a través de esa relación. David estaba preparado para enfrentar lo que viniera a su paso.

Lea lo que David le dijo a este gigante inesperado:

> *Donde todos los demás vieron un obstáculo, David vio una oportunidad.*

Tú vienes a mí con espada y lanza y jabalina; mas yo vengo a ti en el nombre de Jehová de los ejércitos, el Dios de los escuadrones de Israel, a quien tú has provocado.

Jehová te entregará hoy en mi mano, y yo te venceré, y te cortaré la cabeza, y daré hoy los cuerpos de los filisteos a las aves del cielo y a las bestias de la tierra; y toda la tierra sabrá que hay Dios en Israel.

Y sabrá toda esta congregación que Jehová no salva con espada y con lanza; porque de Jehová es la batalla, y él os entregará en nuestras manos.

—1 Samuel 17:45–47

David le habla a su problema y se enfoca en Dios (en esos versículos, David menciona al Señor siete veces). Él sabe que la victoria no depende de sus mejores esfuerzos: Dios es quien ganará la victoria. Lleno de confianza, David responde en una manera para la cual Goliat no estaba listo: él ataca al gigante. David presiona contra la presión que lo está presionando.

David se dio prisa, y corrió a la línea de batalla contra el filisteo.

—1 Samuel 17:48

Si está familiarizado con la Biblia, usted sabe que David ganó una gran victoria aquel día. Armado con nada más que una honda y fe en Dios, David derrotó a Goliat, y el ejército de Israel destruyó a los filisteos. Es un asombroso testimonio de lo que puede suceder cuando confrontamos con audacia los obstáculos de nuestra vida. Cuando presionamos contra la presión que nos está presionando, Dios se glorifica y los gigantes caen.

Mi Goliat pesa siete libras hoy

No todos los gigantes son enormes. A veces los pequeños gigantes pueden ser muy molestos. Yo tengo un perro maltés de siete libras (3 kg). Se llama Duchess, ¡solo por si desea orar por su problema para defecar! Ella desde luego está entrenada y lo ha estado durante varios años. Pero una semana, tuvo un accidente en el sótano. Al poco tiempo, Dave la sacó a pasear, ¡y cuando ella entró en la casa tuvo otro accidente en nuestro suelo! ¡Qué! ¡Ella NUNCA hace eso! Después de corregirla y de que ella se hiciera la regañada, nosotros buscamos el aerosol de mascotas que se lleva el olor desagradable, y por supuesto, no pudimos encontrarlo en ningún lugar... probablemente porque ella nunca actúa así. De verdad, NUNCA... ¡Yo deseaba escribir de gigantes, no tener uno! Los obstáculos que enfrentamos no tienen que ser "grandes" para ser considerados como algo gigante; todo lo que tienen que hacer es provocar aflicción en nuestra vida, tiene que ser un enemigo o un obstáculo inesperado.

Adoptar una nueva perspectiva

Yo deseo que piense un minuto acerca del enemigo inesperado que usted está enfrentando hoy. No sé exactamente por lo que esté pasando—para cada uno de nosotros es distinto—; posiblemente esté enfrentando un problema económico, un problema de salud, un problema en las relaciones, en el trabajo o alguna decepción más importante. Usted pensó que la batalla ya había terminado, o posiblemente nunca pensó que tendría que pelear esta batalla en primer lugar; pero ahí está, el problema de pie frente a usted. Puede ser que tal como Goliat, su problema parezca imposiblemente grande y amenace con ser más de lo que usted puede soportar. Si está robándole la paz y está evitando que disfrute la vida que Dios tiene para usted, es tiempo de lidiar con él.

Yo sé que parece que los problemas a menudo surgen cuando menos los esperamos, pero la verdad es que no deberíamos sorprendernos cuando enfrentamos un problema, grande o pequeño. Jesús nos advirtió que esas cosas sucederían. Él dijo en Juan 16:33:

Estas cosas os he hablado para que en mí tengáis paz.
En el mundo tendréis aflicción; pero confiad, yo he ven-
cido al mundo.

Debido a que el mundo en el que vivimos está quebrantado y lleno de pecado, nosotros enfrentaremos problemas de este lado de la eternidad. Pero no se desanime: Jesús nos dio una gran promesa. Él dijo que aunque enfrentemos problemas en la vida podemos confiar, porque Él ha vencido al mundo. Usted no tiene que enfocarse en su problema. Enfóquese en Jesús, ¡Él ha vencido su problema! La batalla ya está ganada y todo lo que necesitamos es dar pasos de fe y obediencia, sabiendo que cada paso nos está llevando cada vez más cerca de experimentar la victoria que ya es nuestra en Cristo.

Cualquiera que sea el "gigante" con el que esté enfrentándose, deseo que usted adopte una nueva perspectiva: en lugar de comparar ese obstáculo con *su* capacidad, compare el obstáculo con la capacidad *de Dios*. Mire, los soldados que se estaban escondiendo de Goliat estaban haciendo la comparación equivocada. Ellos estaban mirando a Goliat... y luego mirándose a sí mismos. Sabían que Goliat era más grande que ellos, de manera que se escondieron en temor. *¿Cómo sería posible que ganaran?* Pero David hizo una comparación distinta. Él miró a Goliat... luego miró a Dios. Él sabía que Goliat era más pequeño que Dios, entonces corrió en fe en lugar de temor. *¿Cómo sería posible que perdiera?*

Su problema puede ser más grande que usted hoy, pero no es más grande que Dios. Si usted tuviera que enfrentarlo solo, estaría en problemas, pero no tiene que enfrentarlo solo. Dios es por usted y Él puede

> *Su problema puede ser más grande que usted hoy, pero no es más grande que Dios.*

vencer a cualquier enemigo u obstáculo que amenace con lastimarlo. Yo sé que usted no lo vio venir, pero Dios sí. Él no se sorprende ni se intimida por obstáculos demasiado grandes. Él venció gigantes antes, y puede hacerlo de nuevo. Vencer gigantes es la especialidad de Dios. Lo que parece un obstáculo es actualmente una oportunidad. No tema a la presión. Presione de vuelta y vea caer a los gigantes.

Resumen

- Usted está llamado a levantarse por encima de las presiones de la vida (Isaías 40:31)
- La clave para ganar la batalla contra su gigante es confiar en Dios para obtener la fuerza que necesita.
- En lugar de preguntar: "¿Por qué me está sucediendo esto a mí?", comience por preguntar: "¿Qué sucede si gano?".
- Presione contra la presión que lo está presionando.
- Su problema puede ser más grande que usted, pero nunca será más grande que Dios.

Una fórmula para derrotar gigantes

1. David ignoró la crítica y la incredulidad de los demás.

> Y dijo David a Saúl: No desmaye el corazón de ninguno a causa de él; tu siervo irá y peleará contra este filisteo. Dijo Saúl a David: No podrás tú ir contra aquel filisteo, para pelear con él; porque tú eres muchacho, y él un hombre de guerra desde su juventud.
> —1 Samuel 17:32–33

USTED PUEDE ignorar la crítica y la incredulidad de los demás.

> Porque esta es la voluntad de Dios: que haciendo bien, hagáis callar la ignorancia de los hombres insensatos.
> —1 Pedro 2:15

> Si Dios es por nosotros, ¿quién contra nosotros?
> —Romanos 8:31b

2. David recordó las victorias que Dios le dio en el pasado.

> Fuese león, fuese oso, tu siervo lo mataba; y este filisteo incircunciso será como uno de ellos, porque ha provocado al ejército del Dios viviente. Añadió David: Jehová, que me ha librado de las garras del león y de las garras del oso, él también me librará de la mano de este filisteo.
> —1 Samuel 17:36–37

USTED PUEDE recordar las victorias que Dios le ha dado en el pasado.

Por tanto, guárdate, y guarda tu alma con diligencia, para que no te olvides de las cosas que tus ojos han visto, ni se aparten de tu corazón todos los días de tu vida.

—Deuteronomio 4:9

Y ellos le han vencido por medio de la sangre del Cordero y de la palabra del testimonio de ellos, y menospreciaron sus vidas hasta la muerte.

—Apocalipsis 12:11

3. David habló palabras positivas de victoria, no de derrota.

Jehová te entregará hoy en mi mano [...] porque de Jehová es la batalla, y él os entregará en nuestras manos.

—1 Samuel 17:46–47

USTED PUEDE hablar palabras positivas de victoria, no de derrota.

Díganlo los redimidos de Jehová...

—Salmos 107:2

Antes, en todas estas cosas somos más que vencedores por medio de aquel que nos amó.

—Romanos 8:37

4. David utilizó los dones y las habilidades únicos que Dios le había dado. Y no intentó ser alguien más.

Y Saúl vistió a David con sus ropas, y puso sobre su cabeza un casco de bronce, y le armó de coraza [...] Y dijo David a Saúl: Yo no puedo andar con esto, porque nunca lo practiqué. Y David echó de sí aquellas cosas. Y tomó su cayado en su mano, y escogió

cinco piedras lisas del arroyo, y las puso en el saco
pastoril [...] y tomó su honda en su mano.

—1 Samuel 17:38–40

USTED PUEDE utilizar los dones y las habilidades únicos que Dios le ha dado. No intente ser alguien más.

Porque somos hechura suya.

—Efesios 2:10

¡Te alabo porque soy una creación admirable!

—Salmos 139:14, NVI

5. David dependió completamente de Dios y le dio a Él toda la gloria.

Entonces dijo David al filisteo: Tú vienes a mí con
espada y lanza y jabalina; mas yo vengo a ti en el
nombre de Jehová de los ejércitos, el Dios de los es-
cuadrones de Israel, a quien tú has provocado. Je-
hová te entregará hoy en mi mano [...] y toda la
tierra sabrá que hay Dios en Israel.

—1 Samuel 17:45–46

USTED PUEDE depender completamente de Dios y darle a Él toda la gloria.

Fíate de Jehová de todo tu corazón, y no te apoyes en
tu propia prudencia.

—Proverbios 3:5

E invócame en el día de la angustia; te libraré, y tú
me honrarás.

—Salmos 50:15

6. David atacó su problema; corrió hacia su enemigo.

Y aconteció que cuando el filisteo se levantó y echó a andar para ir al encuentro de David, David se dio prisa, y corrió a la línea de batalla contra el filisteo. Y metiendo David su mano en la bolsa, tomó de allí una piedra, y la tiró con la honda.

—1 Samuel 17:49–49

USTED PUEDE atacar su problema; correr hacia su enemigo.

Contigo desbarataré ejércitos, y con mi Dios asaltaré muros.

—Salmos 18:29

Esforzaos y cobrad ánimo; no temáis, ni tengáis miedo de ellos, porque Jehová tu Dios es el que va contigo; no te dejará, ni te desamparará.

—Deuteronomio 31:6

CAPÍTULO 10

En sus marcas, listos, ¡fuera!

"La manera de comenzar es dejar de hablar y empezar a hacer".

—Walt Disney

Imagine conmigo que es un fresco día de primavera. La última nevada se ha derretido, las flores están en ciernes y su vecino lo despertó por podar su césped una semana antes de lo necesario. Con el clima más cálido, su cafetería local está anunciando nuevos sabores de café helado, y todas las tiendas de ropa de la ciudad ya están vendiendo trajes de baño. La primavera está aquí.

Usted respira el aire de la mañana mientras se sienta reunido con cientos de familias, emocionado por alentar a su hijo en su primera carrera del año. De hecho, su primera carrera de la vida. Él normalmente jugaba béisbol en la primavera, pero le sorprendió este año cuando le dijo que deseaba practicar atletismo. Y le sorprendió más cuando entró brincando en la casa dos semanas antes y anunció con entusiasmo: "¡ENTRÉ AL EQUIPO!". ¡Usted sabía que era rápido, pero no tenía idea de que fuera *tan* rápido! Usted sonrió mientras pensaba: "Obviamente lo de atleta lo tiene por mí".

Unos momentos atrás, antes de llegar a la escuela media local, usted le dio el mismo discurso que le ha dado desde que tenía cinco años. Ya fuera en fútbol, béisbol, música o en lo académico, usted siempre decía lo mismo: "Recuerda que estoy orgulloso de ti sin importar lo que suceda. Solo deseo que vayas y hagas tu mejor esfuerzo. Te estaré alentando tan fuerte como pueda". Él asentía. Lo único que decía antes de salir del coche era: "Mamá, estoy muy nervioso".

Los asientos de las gradas son terriblemente incómodos, y mientras los corredores llegan a sus filas designadas, usted hace una nota mental para traer una silla de jardín o un cojín para la siguiente competición. La carrera ya está a punto de comenzar. Usted alienta a su hijo cuando se anuncia su nombre en el altoparlante, y dice una oración en silencio mientras él se coloca en los tacos de salida.

La entusiasta multitud se calla cuando el anunciador dice: "Corredores, en sus marcas…listos…¡FUERA!". Y es cuando sucede: se congela. Los otros corredores salen disparados de los tacos y hacia la pista, pero su hijo no. Él se sienta de cuclillas en la línea de salida; no ha dado ni un solo paso. El anunciador dice de nuevo: "¡Fuera!". *Él no se mueve.* Usted grita tan fuerte como puede: "¡FUERA…FUERA…FUERA!". *Nada.* Por alguna razón, él se sienta en los tacos de salida. No se ha unido a la carrera. Se quedó en "listos".

¿Cómo se sentiría usted como padre si la escena anterior fuera verdadera? ¿Qué pasaría si su hijo estuviera listo para la carrera, pero usted pudiera ver que está permitiendo que sus propios nervios e inseguridades lo

> *"Ve y haz tu mejor esfuerzo.*
> *Cosas buenas sucederán…¡pero*
> *tienes que dar el primer paso!".*

detengan de dar un solo paso? Usted no estaría enfadado ni molesto, pero probablemente estaría frustrado, y más que nada, decepcionado de él. Estoy segura de que tendría una importante conversación con él camino a casa. Si usted es como yo, la conversación sonaría algo así: "Hijo, no puedes ganar una carrera si te sientas en los tacos de inicio. Yo tengo confianza en ti, pero tú tienes que confiar en ti mismo. No dejes que los nervios ni la ansiedad te detengan de hacer lo que amas. Ve y

haz tu mejor esfuerzo. Cosas buenas sucederán... ¡pero tienes
que dar el primer paso!".

Atorado en "listos"

Le cuento esa historia, porque he observado que muchos cristianos están atorados en los tacos de inicio. No están seguros
de cómo resultará la situación o de lo que tienen que hacer
exactamente, de manera que no hacen nada. En lugar de correr
la carrera que Dios les ha dado por delante (ver Hebreos 12:1),
ellos están dejando que la preocupación y la ansiedad los deje
congelados en la línea de inicio.

Dios nos ha estado recordando en las páginas de este libro
que, en los diferentes aspectos de nuestra vida, con Él nunca
es demasiado tarde. Nunca es demasiado tarde para vencer el
temor, restaurar una relación, comenzar una carrera, regresar
a la escuela, predicar el evangelio, mejorar su salud, la lista
continúa. Pero hay una verdad que se aplica a cada situación:
nunca es demasiado tarde... si está dispuesto a dar un paso.

Dios desea que usted participe en el milagro que Él está llevando a cabo en su vida. Si usted piensa que despertará un
día y se encontrará sobrenaturalmente en la línea de llegada,
usted se decepcionará. No funciona de ese modo. En nuestra
relación con Dios, cada uno de nosotros ha recibido la gran
oportunidad de caminar en nuestra fe. Tal como Adán y Eva
caminaron con Dios al aire del día, tal como los discípulos an-
duvieron con Jesús en los caminos de Galilea, nosotros estamos
llamados a caminar con el Señor diariamente. Pero para caminar, usted tiene que hacer algo: tiene que dar los pasos que
Dios le lleve a dar. Tal como el corredor que se atoró en "listos"
estaba siendo animado por el entrenador, la multitud y sus padres para salir "FUERA", Dios nos está animando para salir y
ser todo lo que podemos ser.

Pero muchas veces, debido a que no estamos seguros de *todos*
los pasos, ni siquiera damos el primero. Estamos esperando que

Dios nos diga cómo van a funcionar los siguientes cinco años de nuestra vida, y Dios nos está diciendo qué hacer hoy. Yo he aprendido en mi relación con Dios que Él no siempre me da el plan completo; Él normalmente me da el *siguiente* paso. Dios se guarda secretos y nos esconde cosas para que caminemos en fe y continuemos buscándole. Él siempre nos revela lo que necesitamos saber en el tiempo correcto.

Usted puede desear tener un ministerio que alcance al mundo, pero Dios le está pidiendo que dé el *primer paso*: comparta el evangelio con su vecino de enfrente. Usted puede estar orando que Dios le dé su propio negocio, pero Dios le está pidiendo que dé el *primer paso*: llegue a tiempo al trabajo y sea fiel en el empleo que tiene ahora. Puede estar intentando averiguar cómo perder cierta cantidad de peso, pero Dios desea que dé el *primer paso*: ejercítese hoy durante 20 minutos. Nosotros tendemos a envolvernos tanto en el destino que nunca siquiera comenzamos el viaje. ¿Qué le está pidiendo Dios hoy?

La fe siempre es activa, siempre. No es un intento pasivo. La fe requiere que nos movamos hacia lo que Dios nos está diciendo que hagamos. A veces la gente me dice: "Joyce, debido a que no estoy cien por ciento seguro de lo que Dios me está diciendo, temo que vaya a dar el paso equivocado". Yo entiendo esta preocupación; pero, ¿reconoce una palabra de eso? ¿Temer? No es la voluntad de Dios que el temor gobierne ningún aspecto de nuestra vida, especialmente nuestro caminar con Él.

> La fe siempre es activa, siempre.

No tema dar el primer paso porque piense que será el equivocado. Dios ve su corazón. Él sabe que usted está intentando agradarlo y vivir en obediencia a su Palabra. Él no es un Dios cruel y enfadado que le castigará si tropieza en el camino. Él ve que su corazón es recto y que usted está intentando dar un paso hacia el plan que Él tiene para su vida, Él le bendecirá por su deseo de caminar en su destino. Dé el paso... ¡Dios lo está esperando!

Solamente comience a caminar

Yo creo que uno de los mejores ejemplos que nos proporciona la Biblia acerca de alguien que dio un paso es Abraham. Tuvo un gran llamado de Dios en esta vida: él sería el "padre de muchedumbre de gentes" (Génesis 17:5); pero no sucedió de repente (de hecho, cuando Abraham intentaba hacer que sucediera el plan de Dios en su propia fuerza, él se metía en problemas). Abraham aprendió a simplemente tomar un día a la vez, caminando obedientemente conforme el Señor lo dirigía. Mire lo que dice el autor de Hebreos acerca de la manera en que Abraham salió en búsqueda de su nuevo comienzo:

> *Por la fe Abraham, siendo llamado, obedeció para salir al lugar que había de recibir como herencia; y salió sin saber a dónde iba.*
>
> *Por la fe habitó como extranjero en la tierra prometida como en tierra ajena, morando en tiendas con Isaac y Jacob, coherederos de la misma promesa; porque esperaba la ciudad que tiene fundamentos, cuyo arquitecto y constructor es Dios.*
>
> —Hebreos 11:8–10

La fe de Abraham estuvo marcada por la acción. Él no se sentó a esperar a que Dios le diera el plan completo. La Biblia dice que él comenzó a caminar "sin saber a dónde iba". En otras palabras, Abraham dejó los tacos de inicio, él no se atoró en "listos", solamente porque no podía ver la línea de meta. Él no estaba exactamente seguro del lugar a donde se dirigía ni de por qué se dirigía ahí. Todo lo que sabía era que Dios le había dicho que fuera en cierta dirección, de manera que Abraham lo tomó un día a la vez... una milla a la vez... un paso a la vez.

Yo creo que Dios desea hablarnos hoy a través del ejemplo de Abraham. Es importante que no nos preocupemos intentando averiguar las cosas que Dios va a revelar. Es posible que no sepamos exactamente adónde nos dirigimos ni exactamente cuánto tiempo nos llevará llegar allá; pero necesitamos continuar moviéndonos en la dirección en la que Dios nos está llamando.

- Puede ser que usted no sepa cómo van a resultar sus finanzas, pero siente que Dios le está diciendo que dé cierta cantidad a una familia con dificultades en su vecindario.
- Posiblemente no esté seguro si alguna vez estará en el ministerio a tiempo completo, pero siente que Dios lo está llamando a dirigir un estudio bíblico en su iglesia.
- Es probable que no sepa cómo se sanará su matrimonio, pero siente que Dios le está diciendo que se disculpe con su cónyuge en lugar de pedirle que él se disculpe con usted.
- Tal vez usted no sepa cómo cambiará su dieta por completo, pero puede abstenerse de esos dulces esta noche.
- Posiblemente no sepa cómo perdonará por completo a la persona que lo lastimó tanto, pero siente que Dios lo está llamando a comenzar a orar por ellos hoy.

Así es como funciona la fe. Tomamos un día a la vez… un paso a la vez. Se sorprenderá de lo que Dios puede hacer cuando uno es obediente con solo un paso. Él

> *Se sorprenderá de lo que Dios puede hacer cuando uno es obediente con un solo paso.*

puede hacer más con ese paso de lo que usted pensó posible. Y finalmente, cuando comience a vivir su fe un día a la vez, los días comienzan a acumularse. En un momento del camino, usted mirará y se dará cuenta de que ya no está caminando, está corriendo, corriendo en su destino.

Encuentre una manera de comprar lápices

Linda Hernández es un perfecto ejemplo de alguien que se
negó a atorarse en "listos". En cambio, ella dio un paso. Ella
hizo algo, aunque pareciera como si las probabilidades estu-
vieran en su contra. Me encanta su historia, y creo que a usted
también le encantará.

*Al crecer en Lincoln, Nebraska, en la década de 1960,
Linda Hernández recuerda ser parte de una de las
pocas familias hispanas de la ciudad, y eso no siempre
fue fácil. Ella le contó su historia a los corresponsales
de NPR: "Teníamos que sentarnos en la parte trasera
del salón y quedarnos después de clases para limpiar
los borradores cuando los demás chicos no tenían que
hacerlo". Aunque Linda y su hermana se sentían dis-
criminadas, sus padres no toleraban excusas y definitivamente no considerarían la idea de sacar de la escuela
a sus hijas. "Mis padres pusieron las reglas y dijeron
'Tienen que asistir a la escuela'", recuerda Linda.*

*Cuando ella estaba en la escuela secundaria, Linda
(quien estaba en el penúltimo año) y su hermana (quien
estaba en el último año) enfrentaron un obstáculo que
muchos de nosotros nunca tuvimos que encarar. Habló
con el consejero de la escuela acerca de los exámenes
anuales de evaluación, pero el consejero ignoró su peti-
ción. Le dijo a Linda que ni ella ni su hermana tendrían
que preocuparse por ninguno de los exámenes de admi-
sión a la universidad, ya que, debido a que ambas eran
hispanas, "todo lo que harán será tener bebés".*

*Cuando Linda fue a casa esa tarde y les dijo a sus
padres lo que le había dicho el consejero escolar su
madre se marchó a su habitación a llorar. Pero su hermano hizo algo más. Linda recuerda: "Mi hermano dijo:
'Ah no, eso no va a suceder'. Éramos muy dichosas de*

que él midiera seis pies (1,82 m). Nos llevó a la escuela
y le dijo al consejero escolar: '¡Mis hermanas realizarán
las pruebas!'".

Linda y su hermana pudieron inscribirse para rea-
lizar las pruebas y se encontraron con otro problema.
Ellas debían tener lápices del número 2 para tomar la
prueba, y vivían en tal pobreza que no tenían los lápices
que necesitaban para la prueba. Linda dijo que ella y su
hermana caminaron por los pasillos para juntar botellas
de soda para cambiarlas por unos centavos la botella.
Luego de mucho trabajo, ellas juntaron suficientes bote-
llas para comprar los lápices que necesitaban.

Linda y su hermana obtuvieron una calificación muy
alta en la prueba. Linda fue a la universidad y su her-
mana incluso recibió una beca de cuatro años. Ambas se
licenciaron y tuvieron carreras muy exitosas. Ellas en-
frentaron la presión de la pobreza y la discriminación,
pero se negaron a rendirse ante sus "gigantes". Cuando
otras personas podrían haberse rendido, Linda dio un
paso. Ella dio un paso contra la discriminación. Dio
un paso contra la pobreza. Quizá parecieron pasos pe-
queños en el momento, pero de verdad valieron la pena.

...¡FUERA!

Titulé la segunda sección de este libro ¿*Qué lo está deteniendo?*,
porque creo que es importante que usted esté consciente de
las cosas que intentarán mantenerlo miserablemente atorado en
una vida caracterizada por el "demasiado tarde"—demasiado
tarde para el gozo, demasiado tarde para la felicidad, demasiado tarde para la paz en su familia, demasiado tarde para
la victoria y demasiado tarde para ver el plan de Dios cum-
plirse—.

La inactividad es uno de los principales culpables. La inactividad lo anclará al "demasiado tarde" en cada ocasión. El

temor, la incredulidad, la preocupación y la ansiedad harán todo lo posible por mantenerlo atorado en los tacos de inicio de la inactividad, mientras que otros corren a su alrededor. Puede ser que usted no sepa dónde está la línea de meta, y posiblemente no sepa lo que sucederá cuando la cruce; pero, por la gracia de Dios, usted sabe cómo dar un paso. Y ahora mismo, eso es todo lo que Dios le está pidiendo que haga.

La Biblia nos dice que Dios dio los primeros pasos. Cuando nosotros estábamos lejos de Él, perdidos en nuestro propio pecado, envió a Jesús (Romanos 5:8). Al bajar del cielo, caminar perfectamente en esta Tierra y dar un paso voluntariamente hacia la cruz, Jesús nos dio lo que nunca podríamos habernos ganado solos: la oportunidad de experimentar la eternidad de Dios.

Y ahora, con la salvación a nuestra disposición, la Biblia nos muestra que cuando damos un paso hacia Dios, Él da un paso hacia nosotros de nuevo. Y sus pasos son mucho más grandes que los nuestros. Cuando le entregamos a Dios nuestro amor imperfecto y con fallos, nosotros recibimos a cambio su amor perfecto e incondicional. Cuando tenemos fe del tamaño de una semilla de mostaza, Dios mueve las montañas de nuestra vida. Cuando echamos sobre Dios nuestras cargas, Él nos da la paz que sobrepasa todo entendimiento.

> Al bajar del cielo, caminar perfectamente en esta Tierra y dando un paso voluntariamente hacia la cruz, Jesús nos dio lo que nunca podríamos habernos ganado solos: la oportunidad de experimentar la eternidad de Dios.

No permita que la distancia de su viaje lo intimide. No permita que las incertidumbres del terreno le causen temor. Todo lo que tiene que hacer es dar hoy el primer paso. Y si se está sintiendo nervioso o inseguro, escuche con cuidado. Usted

solo tiene que escuchar la voz del cielo que le alienta: *¡Fuera...
fuera...fuera!*

Dios lo ha estado alentando todo el tiempo.

Resumen

- Para llegar a la línea de meta, usted tiene que abandonar la línea de salida.
- Dios revela el plan que tiene para su vida un paso a la vez.
- La fe es activa, no pasiva. Cuando usted cree lo que Dios dice, entonces hace algo al respecto.
- No permita que el temor de equivocarse lo detenga de hacer algo.
- Dios dio el primer paso hacia usted cuando envió a Jesús. Él lo ama más de lo que usted se imagina.

Pasos de acción que puede dar hoy

A veces, cuando Dios comienza a hacer una nueva obra en nuestra vida, nosotros no estamos seguros de qué debemos hacer para que suceda. Pero recuerde: no es nuestro trabajo hacer que suceda; nuestro trabajo es dar un paso de fe. ¿No está seguro cuáles son esos pasos? Aquí hay algunas sugerencias para empezar...

1. El paso de la "oración".

La oración es uno de los pasos más importantes que podemos dar. Esta es una manera en que podemos participar activamente en fe cada día. Agradézcale a Dios por lo que Él está haciendo en su vida; búsquelo para obtener sabiduría y dirección; sea sincero con Él acerca de sus dudas y preocupaciones. La oración no es el último recurso, ¡la oración es el primer paso!

> *Por nada estéis afanosos, sino sean conocidas vuestras peticiones delante de Dios en toda oración y ruego, con acción de gracias.*
> —Filipenses 4:6

> *Orad sin cesar.*
> —1 Tesalonicenses 5:17

2. El paso de la "Palabra".

Creo que es esencial comenzar cada día en la Palabra de Dios. Leer, estudiar y meditar en la Escritura nos llena de fe y nos da la fuerza que necesitamos para los desafíos del día. Este es un poderoso paso de acción que lo impulsará hacia lo que Dios lo está llamando a hacer.

> *Lámpara es a mis pies tu palabra, y lumbrera a mi camino.*
> —Salmos 119:105

Porque la palabra de Dios es viva y eficaz, y más cortante que toda espada de dos filos; y penetra hasta partir el alma y el espíritu, las coyunturas y los tuétanos, y discierne los pensamientos y las intenciones del corazón.

—Hebreos 4:12

3. El paso de "ayudar a los demás".

Muchas veces estamos tan ocupados intentando cómo ayudarnos a nosotros mismos que nunca pensamos en ayudar a los demás. Mientras le pregunta a Dios lo que Él desea que haga hoy, encuentre una manera de ayudar a alguien más. Ser una bendición para otros siempre es la voluntad de Dios, y este es un paso del que no se arrepentirá. Podría sorprenderse al buscar satisfacer las necesidades de los demás, Dios satisfará sus necesidades en el camino.

Y de hacer bien y de la ayuda mutua no os olvidéis; porque de tales sacrificios se agrada Dios.

—Hebreos 13:16

No mirando cada uno por lo suyo propio, sino cada cual también por lo de los otros.

—Filipenses 2:4

4. El paso de "tomar una decisión".

El primer paso para hacer algo es decidir hacerlo. Para perdonar, primero tenemos que decidir perdonar. Para estar en paz, primero debemos decidir no preocuparnos. Para comenzar algo nuevo, primero debemos decidir salir e ir por ello. Posiblemente usted no sepa si todo funcionará, pero hoy puede tomar algunas decisiones básicas. Es tan simple como decirse: "¡Hoy elijo la paz por sobre la preocupación! ¡Hoy decido romper ese viejo hábito! ¡Hoy decido no estallar en ira!". Tome una decisión; dé un paso hoy, y nunca olvide pedir la ayuda de Dios (su gracia) al ejecutar su decisión. Todo lo podemos hacer con Él y a través de Él, pero no podemos hacer nada sin Él (Juan 15:5; Filipenses 4:13).

> ...Elijan ustedes mismos a quiénes van a servir.
> —Josué 24:15, NVI

> ...Os he puesto delante la vida y la muerte, la bendición y la maldición; escoge, pues, la vida, para que vivas tú y tu descendencia.
> —Deuteronomio 30:19

5. El paso del "agradecimiento".

Una de las mejores maneras de disfrutar nuestra vida es detenernos y agradecerle a Dios por las cosas buenas que nos ha dado. A veces estamos tan ansiosos por tener algo bueno de Dios que no estamos disfrutando las cosas con las que Él ya nos ha bendecido. Cuando no esté seguro de qué paso dar, le animo a dar el paso del "agradecimiento". Agradézcale activamente a Dios por su bondad, su generosidad y su fidelidad en su vida. Se sorprenderá de cómo cambiará su perspectiva y afectará su día esta decisión.

> Dad gracias en todo, porque esta es la voluntad de Dios para con vosotros en Cristo Jesús.
> —1 Tesalonicenses 5:18

> Dando siempre gracias por todo al Dios y Padre, en el nombre de nuestro Señor Jesucristo.
> —Efesios 5:20

NUNCA ES DEMASIADO TARDE PARA...

✔ Salir de las deudas.

✔ Salir de su zona de comodidad.

✔ Mirar hacia delante.

✔ Desatorarse.

✔ Invertir en alguien además de usted.

✔ Tomar decisiones correctas/hacer lo correcto.

✔ Decir "gracias".

✔ Ser inspirado.

✔ Saber que ha sido perdonado.

✔ Aprender una nueva habilidad.

✔ Dar y recibir amor.

✔ Comenzar a vivir sanamente.

✔ Emprender una aventura.

✔ Disfrutar la vida.

✔ Reunir a su familia.

✔ Ser el líder espiritual que Dios lo ha llamado a ser.

PARTE III

Hoy es su día

He aquí todas son hechas nuevas.

—2 Corintios 5:17c

CAPÍTULO 11

Las cosas pequeñas hacen una gran diferencia

"Sé fiel en las cosas pequeñas, porque en ellas yace la fuerza".

—Madre Teresa

Danny Cahill durante años llevó una vida destructiva de adicción. Fumaba dos cajetillas de cigarros al día, era comedor compulsivo crónico y apostaba compulsivamente. Su esposa, Darci, dijo que Danny se había vuelto una persona enfadada, infeliz y solitaria. Darci no sabía cómo ayudarlo. Ella confesó: "Me sentía perdida".

Finalmente, las acciones de Danny comenzaron a afectar su salud y a su familia, su peso se elevó a 460 libras (208 kg), y llegó a una deuda de $45 000 dólares en su tarjeta de crédito. Parecía no haber fin a la vista. Darci dice que primero intentó arreglar las cosas en sus propias fuerzas. Ella recuerda haber orado: "Señor, ayúdame. Tengo que saber qué hacer". Pero ella sintió que el Señor le decía: *"Confía en mí y entrégame a Danny. Él no es tu responsabilidad".* A partir de ese momento, Darci comenzó a orar que Dios le hablara directamente a Danny para que hubiera un cambio real.

Y eso es exactamente lo que sucedió. El Señor comenzó a mostrarle a Danny que sus acciones estaban afectando a su familia. Danny dijo: "Todas esas cosas que yo no veía antes, ahora las veía. Fue algo como: 'Danny, *tu* falta de autocontrol y *tu* vida indisciplinada están afectando todo lo que te rodea, especialmente a tus hijos, quienes imitan todo lo que haces'". Al darse cuenta, Danny dejó de apostar, pero su deuda era abrumadora. Darci y él oraron que Dios les diera una señal y les dijera qué hacer.

Esa misma noche asistieron a un servicio en la iglesia donde yo era la conferencista invitada. Desde luego, yo no los conocía ni sabía nada de su historia, pero en mi mensaje de esa noche dije lo siguiente:

> *"La Biblia nos dice que necesitamos confrontar los problemas. Algunos de ustedes están intentando huir de algunas de las cosas por las que necesitan pasar. Cuando uno está huyendo de algo o escondiéndose de algo, eso tiene poder y autoridad sobre nosotros".*

Ese servicio fue el punto de inflexión para Danny. Él dijo: "Fue como si se encendiera un interruptor". Enfrentó sus problemas esa noche y comenzó a tomar decisiones sanas que afectarían su futuro. Pero el cambio duradero no sucedió de la noche a la mañana; se dio a través de una serie de pequeñas decisiones y disciplina diaria. Danny observó: "No solamente se sale del hoyo de un salto. Se tiene que crear un plan y dar un paso a la vez. Posiblemente se lleve un ciento de pasos, pero con cada paso se está más cerca del final". De manera que Danny pasó por el proceso de tomar ese "ciento de pasos". Durante las siguientes dos semanas, Darci y él comenzaron a moverse paulatina y estratégicamente hacia su objetivo. Danny obtuvo un segundo empleo y trabajó en él fielmente, e hizo pagos regulares contra su carga financiera. Finalmente, eliminó la deuda de la tarjeta de crédito que una vez amenazó con agobiarlo.

Pero hay algo más sobre Danny que hace de esta una historia única. Si el nombre de Danny Cahill le suena familiar, es porque Danny se inscribió al programa de pérdida de peso, *The Bigger Loser* [Perder para ganar], y fue aceptado. Durante la octava temporada del famoso programa de NBC, aplicó su actitud de un paso a la vez hacia sus metas para adelgazar.

Danny Cahill ganó esa temporada de *The Bigger Loser*, al perder el mayor peso hasta esa temporada: ¡239 libras! (108 kg).

No sucedió de la noche a la mañana. Danny dijo: "Lo hice con trabajo duro, sin rendirme y sabiendo que cada paso me llevaba a ese punto de inflexión". Y la mejor parte de ello es que ahora Danny viaja por todo el país, contándole su historia a la gente y compartiendo su fe en Dios.

Pequeños comienzos

Creo que hay algo realmente poderoso en la historia de Danny. Pero para ser sincera, yo sé que es tentador enfocarse en los $45 000 dólares *saldados* y las 239 libras (108 kg) *adelgazadas*. Esas cosas llaman nuestra atención, ¿no? Aquellos son números importantes que hacen hablar a la gente. Lo entiendo, pero esos números no son realmente importantes. ¿Sabe usted cuáles son los números importantes? Permítame decirle:

1…2…3…4…5…

Si lo piensa, es así como Danny pagó su deuda, y es así como Danny adelgazó:

- Al trabajar *una hora a la vez* en su segundo empleo.
- Al hacer *un pago a la vez* hacia su montaña de deudas.
- Al perder *una, o dos, o tres libras a la vez* a través del trabajo duro y el sacrificio.
- Al ejercitarse *un día a la vez* para ser saludable.
- ¡Y al NUNCA RENDIRSE!

Los grandes números no se alcanzan a menos que se entiendan los números pequeños. Los *$45 000 dólares* y los *108 kg* no suceden a menos que primero sucedan el *1, 2 y 3*. Los pequeños comienzos son el trampolín para los grandes finales.

> *Los pequeños comienzos son el trampolín para los grandes finales.*

Esta es una verdad que puede sernos difícil de aceptar en la cultura de hoy. Estamos fascinados con la idea de los resultados instantáneos. Nuestro lema podría ser: ¡MÁS GRANDE, *más rápido!* No tenemos que buscar demasiado para ver cómo actúa este lema: los atletas incrementan su volumen muscular con esteroides en lugar de confiar en su régimen de entrenamiento; quienes compran billetes de lotería buscan la riqueza a través de las loterías estatales, en lugar de invertir en una planeación financiera sólida; los participantes de programas de talentos sueñan en convertirse en la sensación musical de la noche a la mañana, en lugar de pagar sus cuotas en una industria competitiva. En nuestra búsqueda por lo MÁS GRANDE y *más rápido,* nos hemos olvidado de la importancia y el valor de los pequeños comienzos.

La Biblia habla mucho acerca de los pequeños comienzos. Dios es un gran Dios—y Él definitivamente puede hacer las cosas rápidamente cuando lo desea—, pero normalmente, Él desarrolla las cosas en nuestra vida a través de pasos pequeños. Él comienza discretamente y luego desarrolla cosas mayores, todo mientras nos ayuda a manejar las responsabilidades y las oportunidades crecientes. Mire lo que dicen estos versículos acerca de los pequeños comienzos:

No menosprecien estos modestos comienzos, pues el Señor se alegrará cuando vea que el trabajo se inicia...
—Zacarías 4:10, NTV

Y aunque tu principio haya sido pequeño, tu postrer estado será muy grande.
—Job 8:7

Les digo la verdad, si tuvieran fe, aunque fuera tan pequeña como una semilla de mostaza, podrían decirle a

esta montaña: "Muévete de aquí hasta allá", y la montaña
se movería. Nada sería imposible.
—Mateo 17:20, NTV

Algunas de las cosas más profundas y ricas que Dios hace en
nuestra vida comienzan a pequeña escala: una pequeña incita-
ción, una pequeña decisión,
una pequeña bendición. Posiblemente no impresione a
una audiencia televisiva y
empiece a llover confeti del
cielo cuando suceda, pero esa
pequeña cosa que Dios le está
hablando al corazón es de

> *Algunas de las cosas más profundas y ricas que Dios hace en nuestra vida comienzan a pequeña escala: una pequeña incitación, una pequeña decisión, una pequeña bendición.*

suma importancia en su relación con Él. Los *nuevos* comienzos
normalmente inician con comienzos *pequeños*. ¡Atrévase a creer
hoy que no es demasiado tarde para comenzar!

El valor de los comienzos pequeños

Ahora, no estoy escribiendo acerca de los comienzos pequeños
para desanimarlo. Esta es una noticia que espero que tenga
el efecto contrario: ¡usted debe animarse enormemente! La pequeña decisión que tomó hoy de detener su lengua...eso puede
ser parte de algo mayor que Dios le está enseñando acerca del
autocontrol. Ese pequeño esfuerzo que hizo esta mañana por
bendecir a un vecino...podría tener un impacto mayor de lo
que se imagina. Esa pequeña decisión de no comprar lo que
deseaba y sabía que necesitaba...podría ser el primero de muchos avances financieros. Ese pequeño nivel de autocontrol que
mostró en el almuerzo cuando ordenó una porción más saludable...podría ser el primer paso por el camino hacia una victoria mayor. Cuando estamos viviendo para Dios, los pequeños
comienzos simplemente son milagros en forma de semillas.

Yo comprendo que puede resultar frustrante ver a un

compañero de trabajo avanzar más rápidamente que usted o cuando escucha a un familiar presumir acerca de cuán rápidamente alcanzó el éxito. A veces ir dos pasos adelante y uno hacia atrás parece un proceso dolorosamente lento. Sin embargo, usted no sabe cuánto tiempo realmente les tomó llegar a donde están ahora, y tampoco sabe cuánto durará su éxito. Tristemente, muchas de las cosas que surgen rápidamente, se caen igualmente rápido. Lucen asombrosas, pero nadie se tomó el tiempo de colocar un fuerte fundamento de fe, integridad y carácter. No pierda el tiempo sintiendo envidia de alguien más ni comparando su vida con la de alguien más. Como mi esposo, Dave, dice siempre: "Lento y firme, rápido y frágil".

Yo deseo que usted sepa que Dios tiene un plan maravilloso para su vida. Si usted somete su corazón a Él y le da permiso de hacer su voluntad en su vida, Él hará algo asombroso. Usted nunca se sentirá excluido, abandonado ni olvidado. La obra de Dios siempre lleva a cabo *más* de lo que imaginó, ¡y su obra siempre sucede en el tiempo perfecto! Cuando decida comenzar, siempre recuerde que tomará tiempo llegar al final. ¡Termine las cosas en su vida!

Permítame resaltar la belleza de las pequeñas cosas que Dios está llevando a cabo en su vida:

1. Las pequeñas cosas nos permiten practicar para las cosas más grandes.

No existen sensaciones inmediatas en el Reino de Dios. Lo que Dios nos muestra por revelación se termina a través de la implementación. Lo que Él está llevando a cabo en su vida ahora tiene un propósito doble: le está proveyendo para hoy y lo está preparando para el futuro.

Yo tengo la bendición de viajar por el mundo y predicar en auditorios llenos, pero no comencé de esa manera. Comencé en el ministerio enseñando en un estudio bíblico en casa. ¿Y sabe qué? Derramé mi corazón en ese estudio bíblico de la misma manera en que derramo mi corazón al predicarle a multitudes de miles. Dios hizo cosas asombrosas en aquellos primeros estudios bíblicos, y (aunque no lo sabía entonces) una de esas cosas me estaba preparando para lo que vendría.

Considere esto: el encuentro que David tuvo con el león y el oso lo preparó para su batalla contra Goliat. José aprendió a dirigir en una prisión egipcia, tomando las lecciones que usaría cuando fuera el segundo del faraón. Los discípulos ayudaron a controlar las multitudes cuando Jesús enseñaba, pero un día le enseñarían a multitudes en el nombre de Jesús.

No se apresure tanto. Si va demasiado rápido se perderá lecciones importantes que vienen de las aparentemente pequeñas decisiones y eventos de cada día que se viven en una relación con el Señor. Dios está haciendo cosas valiosas en nuestra vida todos los días, y nosotros necesitamos aprender a reconocerlas.

2. Las cosas pequeñas prueban nuestro carácter.

Para la mayoría de nosotros, si Dios nos diera de una sola vez todo lo que estamos pidiendo, nos aplastaría. Nuestro carácter simplemente no sería suficientemente fuerte para manejar la responsabilidad que viene con el nivel de autoridad que deseamos. Es por ello que Dios primero nos da pequeñas responsabilidades—Él las usa para desarrollar y probar nuestro carácter—.

Si usted está orando por las finanzas, de manera que pueda regresar a la escuela, Dios podría proveerle el dinero solamente para una o dos materias. No se frustre. Aprenda las lecciones acerca del estudio y la administración del tiempo en este nivel, para que

> *Cuando Dios le haya enseñado algo que necesite aprender, y cuando usted haya aceptado lo que Él le haya dado, Él le dará más.*

pueda estar listo para un horario más ocupado después. Cuando Dios le haya enseñado algo que necesite aprender, y cuando usted haya aceptado lo que Él le haya dado, Él le dará más.

Si usted ha soñado con emprender una organización caritativa que alcance a familias de todo el país, probablemente Dios le dé oportunidades para ayudar a familias de su vecindario. Ahí hay lecciones que aprender, confianza que adquirir y credibilidad que establecer. Cuando usted haya servido fielmente en un nivel, Dios abrirá la puerta al siguiente nivel.

Recuerde lo que Jesús enseñó en la parábola de los talentos:

> *Y su señor le dijo: Bien, buen siervo y fiel; sobre poco has sido fiel, sobre mucho te pondré.*
> —Mateo 25:21

3. Las cosas pequeñas se acumulan.

La historia de Danny fue un ejemplo perfecto de esta verdad. Las cosas pequeñas que se apilan una sobre la otra llevan a grandes victorias. En lugar de permitir que el enemigo lo desanime porque no puede alcanzar su objetivo final en un día, anímese llevando a cabo metas pequeñas y alcanzables cada día de la semana.

- Posiblemente no pueda adelgazar 50 libras (22 kg) en un día, pero puede trabajar para perder medio kilo por semana durante 50 semanas.
- Posiblemente no pueda arreglar su matrimonio en un día, pero puede decidir hacer una cosa al día para ser un mejor cónyuge.
- Posiblemente usted no pueda leer toda la Biblia en un día, pero puede decidir leer uno o dos capítulos al día.
- Tal vez no pueda deshacer cada mal hábito en un día, pero puede dejar un mal hábito hoy al comenzar con un buen hábito.

Construya una cartera personal de buenas decisiones, elecciones inteligentes, actitudes saludables, mentalidades gozosas, conversaciones alentadoras y tardes pacíficas. Cuando mire cada una de esas decisiones de manera individual, estas parecerán pequeñas e insignificantes, pero esas acciones que honran a Dios se están apilando. Tal vez no se dé cuenta, pero Dios está llevando a cabo algo nuevo y revolucionario en su vida...con una pequeña decisión a la vez.

Sí, pero solamente...

En Marcos capítulo 6, a la multitud a la que Jesús está ministrando le dio hambre. (Algunos teólogos estiman esta multitud de 5 000 hombres en un total de 15 000 personas). Él estaba enseñando en un lugar "desierto", de manera que los discípulos apresuraron a Jesús a que despidiera a la multitud para que tuvieran tiempo de regresar a su casa y comer. Pero Jesús tenía en mente un mejor plan. (A propósito, el plan de Jesús siempre es mejor que nuestro plan). Él dijo:

> *¿Cuántos panes tenéis? Id y vedlo.*
> —Marcos 6:38

Jesús deseaba que los discípulos actuaran, que *hicieran* algo. Los discípulos reportaron que solamente tenían cinco panes y dos peces. Y el relato de Juan de la misma historia nos dice que el pan y los peces eran el almuerzo de *"un muchacho"* (Juan 6:9). Posiblemente conozca el resto de la historia: Jesús tomó los cinco panes y los dos peces, los bendijo, y milagrosamente alimentaron a la multitud con bastantes sobras.

Si usted ha sido cristiano durante un largo período de tiempo, posiblemente haya escuchado eso cientos de veces, pero hoy hay una aplicación importante para usted aquí: Con Dios, no hay tal cosa como "solamente" o "no es suficiente".

¿NO HABÍA SUFICIENTES PERSONAS QUE DIERAN COMIDA?
¡NO HAY PROBLEMA!

¿ÉL SOLO ERA UN MUCHACHO? ¡PERFECTO!

SOLAMENTE HABÍA CINCO PANES Y NO HABÍA PECES SUFI-
CIENTES? ¡MÁS QUE SUFICIENTE!

Jesús tomó su *no hay suficiente* y lo tornó en su *más que suficiente*. Lo que ellos tenían parecía no ser adecuado, pero ellos
se lo dieron a Jesús y él lo hizo sorprendente.

Yo creo que Él desea hacer lo mismo en su vida. Como hijo
de Dios, no hay tal cosa como *solamente* o *no es suficiente*. Usted
puede pensar: "No tengo suficiente talento, lo *único* que sé
hacer es..."; o: "No realicé lo que deseaba para el Señor hoy.
Lo *único* que hice fue..."; o incluso: "No puedo pensar en
mucho por lo que estar gozoso hoy. Lo *único* en lo que puedo
pensar es tan pequeño que no es suficiente".

Dios mira su *solamente* y su *no es suficiente*, y dice: "*¡No hay
problema! ¡Perfecto! ¡Más que suficiente!*".

> *¡Dios puede tomar su* solamente *y llevarlo a su* plenamente*!*

Esas pequeñas cosas que
parecen insignificantes para
usted son infinitas en las
manos de Dios. Él puede
hacer un milagro con cada pequeña cosa que usted le da a Él.
¡Dios puede tomar su *solamente* y llevarlo a su *plenamente*!

No hay nada demasiado pequeño para darle a Dios. Cada semilla que siembre, cada decisión que tome por Él diariamente,
dará una abundante cosecha. Como lo descubrió Danny Cahill, su actitud de un paso a la vez afectará su vida y la vida de
quienes lo rodean. Tome hoy la decisión de que "*Sí, pero solamente...*" es una frase que nunca usará de nuevo.

Una estrella de mar a la vez

Loren Eiseley cuenta una historia que nos muestra la importancia de los pequeños comienzos:

Mientras vagaba por una playa desierta al amanecer, estancada en mi trabajo, vi a un hombre a la distancia que estaba agachándose y arrojando algo, a medida que caminaba el infinito trecho hacia mí. Cuando se acercó, pude ver que estaba arrojando estrellas de mar que habían quedado abandonadas por la marea en la arena de vuelta al océano.

Cuando estuvo suficientemente cerca, le pregunté por qué estaba trabajando tan duro en esa extraña tarea. Me dijo que el sol secaría las estrellas de mar y morirían. Yo le dije que pensaba que era tonto. Había miles de estrellas de mar a lo largo de millas y millas de playa. Un solo hombre jamás marcaría una diferencia. Él sonrió y recogió la siguiente estrella de mar. Al soltarla al mar, me dijo: "Eso hace la diferencia para esta".

Yo dejé de escribir y pasé la mañana arrojando estrellas de mar.

Lo aliento hoy: usted está haciendo un mayor impacto de lo que se imagina. No desprecie el día de los pequeños comienzos. Lo poco que tenga—tiempo, talento, energía, comprensión, obediencia—es más que suficiente en las manos de Dios. No se desanime ni se impaciente. Comenzar de nuevo es rara vez un gran evento cataclísmico. Comenzar otra vez con Dios es un proceso disciplinado, fiel y gradual. A veces tendrá que empezar de nuevo hoy…

y mañana…

y pasado mañana…

y el día siguiente.

Con la ayuda del Señor, esas decisiones diarias lo están dirigiendo hacia una nueva vida en Dios. Todo lo que tiene que hacer es permanecer fiel y negarse a darse por vencido. De hecho, negarse a darse por vencido es de lo que se trata el siguiente capítulo de este libro.

Resumen

- A veces el número más importante es el "uno": un paso a la vez.
- Los pequeños comienzos son milagros en formas de semilla.
- El Señor siempre le dará una oportunidad de probar su fe en lo pequeño, antes de que lo ponga en lo mucho (Mateo 25:21).
- Dios puede hacer un milagro con cada cosa pequeña que usted le dé.
- Comenzar de nuevo con Dios es un proceso disciplinado, fiel y gradual.

> *"Muchos de nosotros estamos dispuestos a realizar grandes cosas por el Señor, pero pocos estamos dispuestos a hacer cosas pequeñas".*
>
> —Dwight L. Moody

CAPÍTULO 12

Renunciar no es una opción

"La mejor manera de salir siempre es a través".

—Robert Frost

La abuela Cha Sa-soon, conocida como la señora Cha, es una de las heroínas nacionales más singulares que Corea del Sur ha conocido. Ella no es famosa por un talento en particular. Nunca ocupó un cargo de gobierno. No es una actriz, ni músico, ni estrella de pop. Ella simplemente es persistente. Muy, muy persistente.

La señora Cha es famosa por pasar la prueba para obtener la licencia de conducción...en el noningentésimo quincuagésimo intento.

Nacida en una familia extremadamente pobre en Sinchon, Corea del Sur, una ciudad situada en una montaña, la señora Cha y sus seis hermanos pasaron su infancia trabajando en los campos cercanos para ayudar con la economía familiar. Asistió a una escuela informal nocturna cuando el tiempo lo permitía, pero no tuvo la oportunidad de inscribirse a una escuela diurna hasta que cumplió quince años. Ella comenzó los cursos en el cuarto grado, pero no avanzó más. "La escuela media era solo un sueño para mí", dijo ella más tarde.

La señora Cha pasó su vida tomando el autobús, pero ella siempre envidió a quienes podían conducir. Hubo veces en que perdía el autobús y tenía que esperar dos horas para abordar el siguiente. Ese era un frustrante inconveniente, y aunque ahora ya tenía sesenta y tantos años, la señora Cha decidió que era hora de obtener su licencia de conducción.

Cuando le preguntaron por qué no intentó obtener su licencia antes, ella respondió: "Estaba muy ocupada criando a mis cuatro hijos. Finalmente, todos crecieron y yo tuve más tiempo para mí misma. Deseaba obtener una licencia de conducción para poder llevar a mis nietos al zoológico". Mucha gente pensaría que a esa altura de la vida era demasiado tarde para hacer tal cosa, pero la señora Cha no lo pensaba así.

Debido a su falta de educación académica, la prueba escrita demostró ser un difícil obstáculo. La prueba era un examen de cincuenta minutos que consistía en 40 preguntas de opción múltiple con respecto a los reglamentos de tránsito y el mantenimiento del coche, pero gran parte de la terminología la confundía. Aunque pudiera leer las palabras, ella no siempre comprendía lo que significaban. Sin embargo, ella se negó a rendirse, y se despertaba a las 4 a.m. cada día para estudiar las páginas desgastadas y rasgadas de los libros de preparación para la prueba.

Ella abordaba dos autobuses cada día hasta el lugar de la prueba, el cual estaba a una hora, y reprobaba la prueba todos los días. Reprobó la primera vez...y la décima vez...y la quincuagésima vez...y la centésima vez...y la quingentésima vez. Un profesor de la escuela local de conducción que intentó ayudar a la señora Cha en el camino, dijo: "Enloquecía enseñarle, pero no podíamos enfadarnos con ella. Siempre estaba animada. En su interior, ella todavía tenía el espíritu de una pequeña niña".

Finalmente, en noviembre de 2009, en su noningentésimo quincuagésimo intento, la señora Cha aprobó la prueba escrita. Más tarde, pasó las pruebas de habilidad y de conducción. Con el conmovedor entusiasmo de los instructores y de los funcionarios de la agencia, la abuela Cha Sa-soon recibió la licencia que se había ganado con esfuerzo.

Cuando le preguntaron acerca de su tenaz determinación, Park Seong-ju, su hijo de 36 años, dijo: "Mi mamá ha tenido una vida difícil vendiendo verduras de puerta en puerta y trabajando en granjas ajenas. Posiblemente eso la hizo ser tenaz. Si ella se enfoca en algo, nadie puede disuadirla".

Una visita a la casa de la señora Cha confirma que su hijo tiene razón. En su pared, junto a las fotografías blanco y negro de ella y su difunto esposo cuando eran jóvenes, se encuentra un letrero escrito a mano. Traducido, el letrero dice simplemente: "¡Nunca te rindas!".

La batalla es del Señor

Yo creo que una de las características más importantes de un cristiano es la determinación. Un cristiano persistente es un cristiano preparado y poderoso. La persistencia es clave, porque habrá dificultades en la vida. La Biblia nunca prometió que cuando le entregáramos nuestra vida a Dios, ya no tendríamos problemas. Estoy segura de que ha observado que la vida no siempre es pan comido; habrá días difíciles y circunstancias complicadas, pero lo que nos hace fuertes es pasar por ello en lugar de darnos por vencidos.

> Un cristiano persistente es un cristiano preparado y poderoso.

Si sabemos quienes somos en Dios y confiamos en el poder del Espíritu Santo en nuestro interior, no nos rendimos cuando las cosas se ponen difíciles; perseveramos. No sienta pánico ni sucumba ante el desánimo, solo porque reprobó la prueba una o dos veces (o 949 veces). En cambio, confíe en que Dios tiene el control y pídale que le dé la fuerza que necesita para continuar.

Acabo de comenzar a trabajar con un nuevo entrenador de fuerza, y me dijo que cuando llegue a la repetición 9 o 10, si siento que el peso es demasiado, puedo decidir detenerme. Yo le dije que si la meta era 10, yo haría 10 si me era posible hacerlo. Le dije: "Si me rindo antes, usted tendrá la garantía de que de ninguna manera podré continuar". Yo no estaba presumiendo; simplemente soy así. Tuve que tomar esa decisión a edad temprana cuando estaban abusando de mí y ningún adulto estaba dispuesto a ayudarme. Tuve que hacerlo de nuevo cuando mi primer esposo me abandonó para poder vivir con otra mujer cuando yo estaba embarazada. Tuve que hacerlo de nuevo cuando Dios me llamó al ministerio y me pidió que dejara mi iglesia, lo cual trajo como consecuencia que perdiera a todos mis amigos. Cuando mi fuerza se fue, finalmente me di cuenta de que necesitaba apoyarme en la fuerza de Dios todo el tiempo.

Posiblemente la razón por la que Dios no me rescató de todas esas dificultades fue con el propósito de construir en mí esa determinación; porque sin ella ninguno de nosotros podemos llevar a cabo nada grande en la vida. Si usted tiene sueños grandes, ¡entonces necesitará determinación!

Gálatas 6:9 es un versículo muy importante y alentador acerca de la persistencia. Dice:

> *No nos cansemos, pues, de hacer bien; porque a su tiempo segaremos, si no desmayamos.*

El apóstol Pablo, bajo la divina inspiración del Espíritu Santo, nos está diciendo algo crucial acerca de nuestro caminar con Dios: veremos la victoria si no nos rendimos. En otras palabras, la única manera en que podemos perder es si dejamos de pelar. ¡Esa es una promesa por la que vale la pena emocionarse! Su problema no puede vencerlo. El diablo no puede vencerlo. El temor no puede derrotarlo. Usted puede superar cada obstáculo mientras se niegue a rendirse, porque el Espíritu de Dios está dentro de usted.

> Usted puede superar cada obstáculo, porque el Espíritu de Dios está dentro de usted.

Deseo que más gente comprenda el poder de la determinación divina. Todo el tiempo escucho de personas que se han dado por vencidas. La batalla se volvió demasiado intensa—la prueba parecía ser muy difícil—y en algún lugar del camino simplemente dejaron de pelear. Tal como Pedro, quien se enfocó en el viento y las olas en lugar de concentrarse en Jesús, ellos se han enfocado en la agitación de su vida en lugar de concentrarse en Jesús, y eso los ha llevado a tener miedo. Posiblemente usted no sepa exactamente de qué estoy hablando. Posiblemente esté abrumado y agotado, y se sienta tentado a rendirse.

Si usted se siente así, deseo que sepa que comprendo por lo que está pasando. Posiblemente yo no haya pasado por su misma situación, pero sé cómo se siente ser tentado a rendirse. Han habido muchas veces en mi vida en que me he sentido agotada, preguntándome cómo encontraré fuerzas para continuar.

Normalmente cuando me siento así se debe a que estoy intentando pelar sola la batalla. Estoy pasando el día preocupándome por el problema, hablando constantemente acerca del asunto e intentando crear un plan para solucionarlo. *¿Le suena familiar?*

Cuando me siento de esa manera—abrumada y tentada a rendirme—, el Señor me recuerda que Él ha prometido pelear por mí mis batallas. No estoy llamada a ganar en mis propias fuerzas; Él gana en su fuerza. Necesito llevarle a Dios el problema y ponerlo a sus pies. La Biblia nos recuerda una y otra vez que Dios va delante de nosotros, y la batalla le pertenece a Él…

Jehová os dice así: No temáis ni os amedrentéis delante de esta multitud tan grande, porque no es vuestra la guerra, sino de Dios.
                                        —2 Crónicas 20:15

No será por la fuerza ni por ningún poder, sino por mi Espíritu—dice el Señor Todopoderoso—.
                                        —Zacarías 4:6, NVI

Mas con nosotros está Jehová nuestro Dios para ayudarnos
y pelear nuestras batallas.

—2 Crónicas 32:8

Estas son promesas de las que necesitamos asirnos cuando comencemos a sentir que estamos tirando la toalla. La perseverancia nunca se trata de la confianza y la determinación de que *usted* tiene la fuerza para ganar; siempre se trata acerca de la confianza y la determinación de que *Dios* tiene la fuerza para ganar. En lugar de orar: "Señor, no sé cómo voy a hacer esto", ore: "Señor, ya anhelo ver cómo vas a hacer esto". Cuando comience a confiar en que la batalla es del Señor, la manera en que usted ve su problema cambiará completamente.

Solo pregúntele a un hombre llamado Giezi. Él sabe todo al respecto...

Son más los que están con nosotros que los que están con ellos

En 2 Reyes capítulo 6, el profeta Eliseo y su siervo Giezi no tenían un buen panorama. Bueno, al menos Giezi no.

Eliseo le está advirtiendo al rey de Israel acerca de los movimientos del ejército sirio. En su tiempo de oración, Eliseo escuchó que Dios le dijo dónde se estaba reuniendo el ejército enemigo, y Eliseo le envió palabra al rey. Esto resultó "una y otra vez" en victorias para el pueblo de Dios (v. 10).

El rey de Siria estaba tan desconcertado por la colocación perfecta del ejército israelita que estaba convencido de que había un traidor entre ellos, quien estaba proporcionándole información al enemigo. Cuando interrogó a sus siervos, ellos le aseguraron que nadie estaba vendiéndoles secretos a los israelitas, pero que el profeta Eliseo era quien les estaba ayudando. Luego de escuchar esta noticia, el rey de Siria estuvo determinado a matar a Eliseo. El versículo 14 nos dice que envió "gente de a caballo, y carros, y un gran ejército" de noche para rodear la ciudad donde vivía Eliseo.

Eso nos lleva de vuelta al pobre Giezi.

Cuando Giezi se levantó temprano a la mañana siguiente y salió, se aterró de ver al ejército sirio rodeando la ciudad. La Biblia nos dice que gritó: "¡Ah, señor mío! ¿qué haremos?" (v. 15) (¿alguna vez se ha sentido así?, ¿alguna vez se ha visto en una circunstancia que al parecer lo tiene rodeado por todos lados, y se ha preguntado: "¿Qué haré?"?).

Pero Eliseo no estaba asustado como Giezi parecía estar. En cambio, él le dijo confiadamente al siervo: "No tengas miedo, porque más son los que están con nosotros que los que están con ellos" (v. 16). Giezi no sabía a qué se refería Eliseo. Puedo imaginarlo mirando a su amo y luego mirándose, y pensar: "Puedo contar a dos personas: a ti y a mí". Ellos no coincidían en número con los carros del ejército que los rodeaban.

> *Y oró Eliseo, y dijo: Te ruego, oh Jehová, que abras sus ojos para que vea. Entonces Jehová abrió los ojos del criado, y miró; y he aquí que el monte estaba lleno de gente de a caballo, y de carros de fuego alrededor de Eliseo.*
>
> —2 Reyes 6:17

Eliseo vio lo que Giezi no veía: la batalla era del Señor. Él sabía que ellos no tenían oportunidad en sus propias fuerzas, pero no estaban llamados a pelear en sus propias fuerzas. Dios estaba presente para entregarles la victoria. Antes de que Giezi lo supiera, se atoró en el temor y estaba listo para ondear la bandera blanca de rendición. Pero en el momento que obtuvo una perspectiva celestial y vio que Dios estaba presente para ganar la batalla, nada en le mundo pudo haberlo convencido de rendirse. La batalla había terminado antes de comenzar.

Rehúsese a rendirse

Tal como Eliseo, yo oro para que Dios le abra los ojos hoy. Yo sé que la batalla por la que está pasando no es fácil. Comprendo que la situación que le rodea luce intimidante. Y me doy cuenta de que a veces rendirse parece ser la mejor opción. Si usted solamente ve lo que Giezi vio primero, su situación puede parecer desesperada.

Pero existe una verdad mayor para usted hoy. "No tenga miedo, porque más son los que están con usted que los que están con ellos". Dios está peleando por usted. Él ve su situación. Él sabe exactamente por lo que está pasando. Él le promete que nunca lo abandonará ni lo dejará.

La única manera en que usted puede perder es rindiéndose; de manera que hoy lo animo: no importa lo que suceda, no importa cómo luzca en lo natural, no importa qué mentira intente decirle el enemigo... REHÚSESE A RENDIRSE. A veces lo más espiritual que puede decir es: "¡No me rendiré! Dios prometió pelear por mí las batallas, por lo tanto seré obediente, caminaré en fe y esperaré su victoria. ¡Pero ME REHÚSO A RENDIRME!".

Cuando la gente diga cosas malas acerca de usted... *rehúsese a rendirse.*

Cuando parezca imposible... *rehúsese a rendirse.*

Cuando las cosas parezcan empeorar en lugar de mejorar... *rehúsese a rendirse.*

Cuando repruebe 949 veces... *rehúsese a rendirse.*

Cuando persevere se dará cuenta de que Dios ha tenido el control todo el tiempo. Él le ha estado enseñando, proveyendo y preparando todo el tiempo. Dios puede usar para bien cada desafío al que ha sobrevivido.

Resumen

- Un cristiano persistente es un cristiano preparado y poderoso.
- Usted perderá solamente si se rinde.
- Apóyese en la fuerza de Dios (no en la suya). Él le ha prometido que peleará por usted cada batalla.
- El temor lo hace sentirse rodeado por un enemigo. La fe hace que se dé cuenta de que está rodeado por Dios.
- Una gran oración que hacer es: "Señor, abre mis ojos para que pueda ver que son más los que están con nosotros que los que están con ellos".

La persistencia rinde frutos

Beethoven sostenía el violín torpemente y prefería tocar sus propias composiciones en lugar de mejorar su técnica. Su maestro lo llamó un compositor sin esperanza.

Cuando el general Douglas MacArthur se inscribió en West Point, fue rechazado no solo una vez, sino dos veces. Lo intentó una tercera vez, fue aceptado y desfiló hacia los libros de historia.

Cuando se terminó el primer libro de *Caldo de pollo para el alma,* fue rechazado por 33 editoriales de Nueva York y otras 90 veces en la convención de la Asociación Americana de Libreros en Anaheim, California. Las más importantes editoriales de Nueva York dijeron: "Es demasiado blandón", y: "Nadie desea leer un libro de relatos cortos". Desde entonces se han vendido más de ocho millones de copias del libro original de *Caldo de pollo para el alma.*

En 1954, Jimmy Denny, administrador del Grand Ole Opry, despidió a Elvis Presley luego de una presentación. Le dijo a Presley: "No vas a llegar a ningún lado, hijo. Debes regresar a conducir camiones". Elvis Presley continuó y se convirtió en el cantante más popular de Estados Unidos.

El primer libro de niños de Dr. Seuss, *Y pensar que lo vi en Mulberry Street*, fue rechazado por 27 editoriales. La vigésima octava editorial, Vanguard Press, vendió seis millones de copias del libro.

Historias compiladas de *Caldo de pollo para el alma del autor* y *A Cup of Chicken Soup for the Soul* [Un tazón de caldo de pollo para el alma].

CAPÍTULO 13

No desperdicie sus errores

"El mundo quiebra a todos, y luego muchos se tornan más fuertes en las partes rotas".

—Ernest Heminway

"¿Pero, TENGO QUE comerme las verduras? ¡Odio las verduras!".

Si usted ha navegado por las aguas de la paternidad, probablemente haya escuchado esa pregunta y esa declaración una o dos veces. No todos los niños odian las verduras, pero parece que todos pasan por una etapa en que no les gusta una verdura en particular...y normalmente es la que uno decide poner en su plato. Las zanahorias, los guisantes, el brócoli, los espárragos, la que sea, ellos no desean comerla.

Uno de mis nietos pasó por una larga etapa en la que únicamente deseaba comer fideos solos (de verdad, *solos*: sin mantequilla, sin aceite, sin salsa, sin sal), yogurt y judías verdes. Solo eso...él no comía nada más. Cuando mi nuera consultó con otros padres, descubrió que muchos habían experimentado que su hijo pasara por etapas "quisquillosas" de alimentación. Yo creo que como cristianos somos iguales en nuestro viaje de crecimiento espiritual.

Un padre sabio le enseñará a su hijo a temprana edad la importancia de una dieta balanceada y nutritiva, y Dios está intentando enseñarnos de la misma manera. Cuando los hijos aprenden a apreciar las decisiones sanas de la vida eso ayuda a que tengan una transición mucho más sana hacia la adultez. Si no creció con opciones nutritivas, usted sabe cuan difícil puede resultar apreciar los alimentos apropiados y corregir los hábitos alimenticios incorrectos más adelante en la vida. Aunque comer verduras no sea tan divertido como comer pastelillos, estas son importantes para nuestro cuerpo. Y es por ello que probablemente haya mirado a su hijo y dicho algo como esto una o dos veces (o doscientas): "Necesitas al menos unos cuantos bocados".

Usted probablemente esté pensando: "Joyce, ¿por qué estás hablando de verduras y pastelillos? ¡Me está dando hambre!". Bien, este capítulo no se trata de nutrición (si ese tema le interesa, le sugiero leer mi libro *Luzca estupenda, siéntase fabulosa: 12 claves para disfrutar de una vida saludable ahora*); pero hay una conexión con lo que deseo que vea. Creo que sus errores y sus fracasos son similares a las verduras: las cosas que hay en nuestro plato pueden ser buenas para nosotros, pero preferimos no comerlas. Las pruebas y las tribulaciones de la vida son similares. Nosotros no las deseamos, pero nos ayudan a fortalecernos a medida que ejercitamos nuestra fe en Dios a través de ellas.

Los errores y los fracasos que hemos cometido en el pasado —aunque hayan sucedido hace 10 años o hace 10 minutos— pueden ayudarnos a crecer si se los entregamos al Señor y le preguntamos qué podemos aprender de esa experiencia. Podemos elegir usarlos (aprender de ellos), o podemos elegir desperdiciarlos (arrepentirnos de ellos, sentirnos culpables y atorarnos en ellos). En lo tocante a sus errores deseo animarlo a que no desperdicie nada de su plato.

> *Los errores y los fracasos que hemos cometido en el pasado—aunque hayan sucedido hace 10 años o hace 10 minutos—pueden ayudarnos a crecer si se los entregamos al Señor y le preguntamos qué podemos aprender de esa experiencia.*

Permita que sus errores sean sus maestros

Dios no desea que vivamos atorados en nuestro pasado. El apóstol Pablo dijo el bien sabido versículo: "...Olvidando ciertamente lo que queda atrás, y extendiéndome a lo que está delante, prosigo a la meta..." (Filipenses 3:13–14). Pablo tomó la decisión de no vivir atorado en los errores del pasado, pero eso no significa que no recordara sus errores y aprendiera de ellos. Pablo sabía cuán destructivos eran el legalismo y la religión basada en las obras, en los que estuvo atorado antes de conocer a Jesús, de manera que aprendió de ello y nunca regreso a su antiguo modo de vida. Y pasó todo su ministerio enseñándoles a los demás la verdad de la salvación por la gracia de Dios, a través de la fe en Jesús.

Lamentablemente, mucha gente sigue cayendo de nuevo en los errores y patrones de su pasado. Continúan regresando a la misma montaña una y otra vez, teniendo que aprender la misma lección en múltiples ocasiones. La sabiduría es aprender de los errores pasados y aprender. Usted no tiene que ser un reincidente; ¡usted puede tener la victoria de una vez y para siempre! En el sistema jurídico, ser un eterno perdedor, o alguien que ha repetido el mismo delito varias veces, es un problema grave. A menudo significa pasar una vida en prisión. Gracias a Dios por su misericordia y por la oportunidad de comenzar de nuevo, sin importar cuántas veces hayamos cometido errores en el pasado. No tenemos que vivir en la prisión del remordimiento, la culpabilidad ni el fracaso, por haber cometido algunos errores. Jesús vino a abrir las puertas de la prisión y a liberar a los cautivos (Isaías 61:1).

Digamos que ha perdido la paciencia y les gritó a sus hijos o a su cónyuge hoy cuatro veces. Bien, ese fue un error. No es lo mejor que Dios desea, y probablemente sintió la convicción del Espíritu Santo en el momento que sucedió. Usted tiene una decisión que tomar. Puede...

A. Ser condenado por su error.

Este es el plan del enemigo para su vida. Él desea hacerlo sentir terrible por causa de su fracaso. La condenación es diferente a ser redargüido. Ser redargüido es cuando el Espíritu Santo le muestra que ha hecho algo malo y lo ayuda a regresar adonde debe estar. Ser redargüido corrige el fracaso y le recuerda que la gracia de Dios está a su disposición. La condenación está llena de vergüenza. Le hace pensar que usted es terrible e intenta decirle que Dios está enfadado con usted.

No permita que el enemigo traiga condenación a su vida. Cuando peque, llévelo ante Dios y reciba su perdón. Recuerde Romanos 8:1, que dice: "Ahora, pues, ninguna condenación hay para los que están en Cristo Jesús...".

B. Alegrarse de ser perdonado, pero no molestarse por aprender algo.

Esta es la respuesta de su carne. Tal como actuó en la carne (y todos tenemos momentos en que esto sucede), su carne no está interesada en aprender algo. Es perezosa y no está interesada en la disciplina. Si no tomamos en serio nuestro error y de verdad deseamos alejarnos de él (arrepentirnos), es muy probable que lo hagamos de nuevo.

He escuchado que se dice que la insensatez es hacer lo mismo una y otra vez, pero esperar resultados diferentes. Si no estamos dispuestos a aprender de nuestro fracaso, nos estamos preparando para fracasar de nuevo; pero este no es el plan de Dios para nuestra vida. Él es más grande que todo error y desea que caminemos en victoria sobre él. La ira no es más fuerte que Dios. La preocupación no es más fuerte que Dios. El temor no es más fuerte que Dios. Una adicción no es más fuerte que Dios. Usted puede llevarle a Él todo pecado y fracaso, y vivir en el poder de Dios para vencerlo.

C. Llévele a Dios su error, pídale que lo perdone y que le enseñe a través de él.

Solo porque ayer perdió la paciencia, no significa que está destinado a vivir explotando con la gente todo el tiempo. En realidad, el hecho de que haya perdido la paciencia ayer puede ser el catalizador de cambio en su vida. Si usted acude al Señor y le dice: "Señor, sé que fue un error, y no deseo vivir así. Sé que mi ira hiere a la gente que amo. Por favor, ayúdame a aprender de ello, y por favor, ayúdame hoy para no repetir ese fracaso. Señor, muéstrame cómo responder de manera diferente". Dios responderá esa oración. Él le enseñará a hacer lo que usted necesita para que aprenda a través de ese fracaso. Su progreso puede ser lento al principio, pero si no se rinde, ¡usted alcanzará su objetivo!

En el futuro, cuando sienta esa misma tentación de perder la paciencia, usted estará listo para resistirlo con el poder del Espíritu Santo. Usted lleva puesta la armadura de Dios, es un veterano de batallas previas y es más sabio que antes. Este es el valor de aprender de los errores de ayer.

Aprenda de los errores de los demás

La gente me dice todo el tiempo: "Joyce, no puedo creer que usted cuente algunas de las historias que cuenta. Usted es tan abierta y vulnerable acerca de sus propias luchas en la vida. No sé si yo podría pararme ahí y compartir algunas de las cosas que usted comparte". Es verdad, yo le cuento a la gente acerca de mis propios problemas. Hablo acerca de mis discusiones con Dave, las inseguridades que he vencido, la manera en que solía preocuparme por todo y un sin fin de cosas por las que Dios me ha llevado a través de los años.

Yo comparto estas cosas porque creo que pueden prevenir a los demás de pasar por algunas de las mismas luchas por las que yo he pasado. Si usted puede aprender a través de un sermón lo que yo he aprendido a través de una lucha, ya ahorró tiempo y jaquecas. Ahora bien, habrá cosas que usted solamente podrá aprender de primera mano, pero hay muchas otras cosas que puede aprender si primero presta atención a lo que Dios puede estarle diciendo a través de la vida de quienes lo rodean.

Le sugiero que ore y le pida al Espíritu Santo que le ayude a evitar los mismos errores que vio cometer a sus padres, sus amigos o sus familiares. No tiene que perpetuar los ciclos de pecado ni disfunción que ha visto en su familia. Usted puede romper esos ciclos, las maldiciones generacionales pueden detenerse con usted.

> No tiene que perpetuar los ciclos de pecado ni disfunción que ha visto en su familia. Usted puede romper esos ciclos, las maldiciones generacionales pueden detenerse con usted.

- Solo porque su padre fue de cierta manera o su madre fue de cierta manera, no significa que usted tenga que ser así. Diga: "Señor, aprenderé de su fracaso. Con tu ayuda, mi vida será diferente".

- Solo porque sus compañeros de trabajo están chismeando acerca de cierta situación, no significa que usted tenga que caer en la misma trampa. Diga: "Señor, veo cómo hablan y también me doy cuenta de que nunca tienen gozo. Yo aprenderé de eso y me negaré a participar. Con tu ayuda resistiré esa tentación".

- Solo porque sus amigos pasan los días presionados y preocupados por su vida, no significa que usted tenga que hacer lo mismo. Diga: "Señor, veo el daño que pueden ocasionar la presión y la preocupación. Yo sé que tu presencia trae paz y gozo. Con tu ayuda, me niego a vivir preocupado o presionado por las situaciones que están más allá de mi control".

Hace muchos años, Dave y yo tomamos un curso bíblico de nueve meses en una iglesia a la que asistíamos. Teníamos hambre por aprender y sacrificamos dos noches a la semana en casa para asistir al curso. Esto fue especialmente difícil para Dave luego de trabajar todo el día, pero estábamos ansiosos por aprender, de manera que asistimos. Aprendimos mucho, pero no como esperábamos. De hecho presenciamos el mal comportamiento de algunas personas del liderazgo, y eso terminó enseñándonos "lo que no debemos hacer en el ministerio". Terminó siendo una lección que permaneció con nosotros toda la vida, y hemos sido mejores personas por ello.

Si usted es observador y aprende de los errores de los demás, yo creo que Dios le ayudará a evitar los mismos errores. No los juzgue críticamente por sus errores, no chismee de ellos, sino ore por ellos y determine que esos errores serán una experiencia de aprendizaje para usted.

> *Si usted es observador y aprende de los errores de los demás, yo creo que Dios le ayudará a evitar los mismos errores.*

Aprenda de los errores que la gente cometió en la Biblia

La Biblia es la perfecta e infalible Palabra de Dios, pero está llena de personas falibles e imperfectas. ¿No le anima saber que los hombres y mujeres de la Biblia no fueron una clase de superhéroes? Ellos fueron personas con problemas reales tal como usted y como yo. *David se desanimó. A Moisés le faltó confianza. Elías se deprimió. Gedeón sintió temor. Sara se rió en incredulidad ante la promesa de Dios. Los israelitas se rebelaron. Zaqueo era muy bajito. Marta no limpió a tiempo su casa y se resintió con su hermana, María, quien no estaba trabajando tan duro como ella. Pedro negó a Cristo. Los discípulos se durmieron cuando tenían que estar orando.* La Biblia está llena de personas con las que podemos identificarnos, quienes cometieron los mismos errores; ¡nosotros podemos aprender de sus historias en la Palabra de Dios!

En 1 Corintios 10, Pablo está hablando acerca de los fracasos de los israelitas en el desierto, y dice: "Mas estas cosas sucedieron como ejemplos para nosotros..." (v. 6), y luego continúa diciendo: "Y estas cosas les acontecieron como ejemplo, y están escritas para amonestarnos a nosotros…" (v. 11). Pablo está diciendo que sin lugar a dudas, nosotros tenemos la oportunidad de aprender de las historias que leemos en la Biblia.

Nosotros podemos recoger instrucción de las victorias y los éxitos del pueblo de Dios en la Palabra, pero también podemos aprender de sus batallas y sus fracasos. Cuando vemos a Abraham y a Sara intentando hacer que la promesa de Dios suceda en su propia fuerza, podemos aprender de ello y esperar pacientemente en el Señor. Cuando vemos a los israelitas exigir tener un rey para ser como las demás naciones a su alrededor, nosotros podemos aprender la importancia de seguir a Dios y negarnos a seguir a la multitud. Cuando vemos al joven principal alejarse de Jesús porque no deseaba deshacerse de su riqueza, nosotros podemos aprender acerca de los peligros de poner las posesiones y las cosas materiales antes del Señor.

Estas son historias con un increíble valor para la vida del creyente. Cada vez que lea la Palabra, le animo a pedirle a Dios que le enseñe algo que usted pueda aplicar a su propia vida ese día. Cuando se acerque a la Biblia con un corazón expectante, usted nunca se irá con las manos vacías.

Una costosa pero efectiva lección

Recientemente escuché acerca de un hombre que recibió una infracción de tránsito en un alto, justo a una cuadra de su departamento. Estaba haciendo un viaje rápido al almacén al final de la calle, y no se molestó en colocarse el cinturón de seguridad. Después de todo, solo iba al final de la calle, pensó él. Bueno, en el alto, un policía se detuvo junto a él y observó que no llevaba puesto el cinturón de seguridad, lo cual es ilegal en su estado. El oficial le hizo señas para que se estacionara en un lugar cercano para darle una multa. Cuando se dio cuenta de que los costos de la multa y la corte eran mayores a los $100 dólares, se enfadó bastante. ¿Pero sabe cuál ha sido el resultado? Él dice: "Ahora, cada vez que me subo al coche, lo primero que hago es colocarme el cinturón de seguridad. No cometeré ese error de nuevo. Aprendí mi lección".

Yo no sé qué tipo de errores haya cometido en su vida. Si usted es como la mayoría de nosotros, ha cometido bastantes. Probablemente haya cometido algunos grandes, y tal vez haya hecho otros pequeños. Los errores y los fracasos son parte de la vida. Pero usted no tiene que desperdiciar esos errores hoy; puede aprender de cada uno de ellos.

La multa pudo haber sido más de lo que deseaba pagar, pero no tiene que pagarla de nuevo. Usted tiene la oportunidad de aprender de los errores de ayer para vivir en victoria hoy. No se detenga en los errores que ha cometido en el pasado; rebáselos en fe y haga como dijo Jesús: "Vete, y no peques más" (Juan 8:11). Decida mejorar para glorificar a Dios.

Dios tiene algo esperándole. Nuevas mentalidades, nuevas actitudes, nuevas victorias y nuevas oportunidades. Para disfrutar la vida que Jesús vino a darle, elija aprender de sus errores en lugar de repetirlos. Ellos pueden servirle como recordatorios valiosos de lo que Dios le ha enseñado en el camino. Yo comprendo que los errores son parecidos a comer verduras y posiblemente no sean su parte favorita de la comida, pero son buenos para usted. No los desperdicie.

Resumen

- Lo que algunos pueden ver como fracasos, otros lo ven como lecciones.
- El Espíritu Santo lo redarguye, nunca trae condenación.
- Usted puede aprender de los errores de los demás, así como de los suyos propios.
- La Biblia nos muestra a un Dios perfecto que ama a las personas imperfectas.
- Dios lo está llevando a algo nuevo. No desperdicie las lecciones que ha aprendido en el camino.

"El fracaso es la oportunidad de comenzar de nuevo de forma más inteligente".

—Henry Ford

"Continúe comenzando y fracasando. Cada vez que fracase, comience todo de nuevo, y se hará más fuerte hasta que haya cumplido un propósito, posiblemente no el que comenzó, pero uno que le alegrará recordar".

Anne Sullivan
(instructora y compañera de Hellen Keller)

"He fracasado una y otra, y otra vez en la vida y es por ello que he triunfado".

—Michael Jordan

"El éxito no es final, el fracaso no es fatal: lo que cuenta es la valentía para continuar".

—Winston Churchill

CAPÍTULO 14

Cuando todas las cosas son hechas nuevas

"La vitalidad no solo muestra la habilidad de persistir sino también la capacidad de comenzar de nuevo".
—F. Scott Fitzgerald

Existe algo especial en los nuevos comienzos. Un año nuevo, un empleo nuevo, una nueva oportunidad, una nueva temporada; estoy segura de que usted lo ha experimentado, hay una sensación de esperanza que viene con un nuevo comienzo. Ed Ryder sabe exactamente cómo se siente esto. De hecho, él lo sabe mejor que la mayoría.

En 1973, Ed Ryder obtuvo una sentencia de cadena perpetua por un homicidio que no cometió. Como en el argumento de una película de tema jurídico, Ryder fue falsamente acusado y pésimamente defendido. No hubo nada que pudiera hacer más que ver cómo le quitaban su vida injustamente. Pasó dos décadas tras las rejas de la prisión Graterford de Pennsylvania, antes de que nueva evidencia lo deslindara de cualquier delito. En septiembre de 1993, el gobernador Mark Singel conmutó la sentencia de Ryder. Ed Ryder tenía 43 años de edad.

Luego de su liberación, Ed revivió a una nueva vida diaria que la mayoría de la gente da por hecho. Dijo: "Parecía como... no sé...como que el oxígeno era diferente. ¿Sabe a qué me refiero? El aire parecía ser más liviano".

Cuando le preguntaron acerca de lo que más disfrutaba de su nueva libertad, dijo que disfrutaba la simplicidad de decidir y hacerse su propio desayuno. "Le diré lo que realmente me ha emocionado: levantarme y hacer el desayuno, hacer tortitas y huevos con tocino, y cosas como esas. Eso suena aburrido, pero para mí es verdaderamente emocionante, esa es una de las cosas que siempre soñé hacer".

Junto con las pequeñas cosas de la vida que fácilmente se ignoran, Ed también soñaba con comenzar su propia banda de jazz. Mientras estuvo en prisión conoció a otros músicos a través del programa de artistas residentes de la prisión. Ed tocaba en cada oportunidad que tenía. Mediante la práctica casi compulsiva, Ed desarrolló mucho más su ya impresionante don de trompetista.

Ahora, luego de su liberación, toca su instrumento, pero dice que ahora toca diferente. Dijo: "La primera vez que toqué cuando salí de la prisión, no me sentía impulsado a tocar con tanta exactitud como cuando estaba en Graterford. Los reclusos son las personas más críticas del mundo, ellos critican todo lo que haces. Siempre encontrarán lo que no haces bien".

Debido a la fascinante naturaleza de su historia, la gente generalmente le pregunta acerca de sus años pasados en prisión, pero a Ed no le gusta hablar de su pasado. Señala que en esa prisión la gente no mira el pasado, es demasiado doloroso. Dice que en esa prisión la única esperanza estaba en ver hacia el futuro: al día de su liberación. "Cuando estaba en prisión soñaba con el futuro. Tenía muchos planes. Uno está constantemente esperando el futuro".

Ed dice que continúa tocando la misma música que tocaba en prisión, pero las canciones significan algo distinto para él ahora. Él dice: "Ya no soy un prisionero. Esa ya no es mi lucha... ahora escucho las canciones de modo distinto".

El día de su liberación

No puedo imaginar la dificultad que soportó Ed Ryder, pero puedo admirar su actitud, y la admiro. En los artículos que leí acerca de Ed, no estaba amargado ni enfadado por su pasado encarcelamiento; en cambio estaba emocionado acerca de su futuro. No pude evitar observar la manera en que continuaba hablando de cómo las cosas serían diferentes ahora, incluso el modo en que tocaba su música. Su liberación cambió todo, tenía una nueva vida que vivir.

Eso me recuerda nuestra vida en Dios. Nuestro versículo clave para este libro (2 Corintios 5:17) dice que en Cristo, no solamente las cosas viejas se han ido, sino que "todas son hechas nuevas". Esto significa que no tenemos que vivir encarcelados en las mismas mentalidades, temores, tentaciones, preocupaciones y actitudes del pasado. Usted ha sido liberado de esas cosas que impedían que disfrutara su vida en Dios. Es hora de experimentar las nuevas cosas que Jesús vino a darle.

> Usted ha sido liberado de esas cosas que impedían que disfrutara su vida en Dios. Es hora de experimentar las nuevas cosas que Jesús vino a darle.

Piense en los discípulos y en sus respuestas cuando Jesús los llamó por primera vez a que lo siguieran. Ellos tenían una decisión que tomar: podían quedarse con su antigua vida o podían dejar atrás lo viejo y seguir a Jesús hacia algo nuevo. Pedro y Andrés no dudaron en tomar su decisión en Mateo 4:18–20:

> Andando Jesús junto al mar de Galilea, vio a dos hermanos, Simón, llamado Pedro, y Andrés su hermano, que echaban la red en el mar; porque eran pescadores.
>
> Y les dijo: Venid en pos de mí, y os haré pescadores de hombres.
>
> Ellos entonces, dejando al instante las redes, le siguieron.

Para Pedro y Andrés, la decisión fue fácil: ellos dejaron atrás sus redes para seguir a Jesús. Cambiaron lo nuevo por lo viejo, sin intentar llevar su antiguo estilo de vida hacia su nuevo llamado.

De la misma manera en que Jesús llamó a Pedro y a Andrés a que dejaran la antigua vida atrás y le siguieran hacia algo nuevo —algo mejor—Él nos llama a hacerlo. La vida que Él tiene para usted es una vida de promesa y victoria, llena de cosas nuevas en Dios; pero para poder llegar al potencial completo, habrá cosas que Dios nos instruirá dejar. Esas cosas a las que posiblemente se ha acostumbrado—malos hábitos, pensamientos negativos, preocupación, temor, confesiones equivocadas—, pero estas son cosas que lo han encarcelado. Probablemente no eliminará todos esos malos comportamientos de su vida, pero Dios le dirigirá diariamente, paso a paso, y usted se dará cuenta de que, a medida que le siga a Él, siempre estará progresando. Dios tiene algo mejor para usted. Él tiene nuevas cosas a las que usted se adhiera. Hoy es el día de su liberación.

Nuevas actitudes

Si no hay una diferencia notable entre la actitud de un creyente y la actitud de un no creyente, algo anda mal. Nosotros estamos llamados a ser la luz del mundo (Mateo 5:14). Y para ser la luz del mundo algo tiene que ser diferente en nosotros —creo que la diferencia comienza con nuestras actitudes—. La clase de actitudes que tenemos hacia Dios, el pasado, el futuro, hacia nosotros mismos, nuestra vida y las personas que nos rodean es vital.

Si usted tiene una actitud gruñona y quejumbrosa, nadie se le acercará para decirle: "¡Caramba! Hay algo diferente en ti. ¡Dime qué tienes, porque yo realmente necesito eso!". Esa clase de actitudes no atraen a la gente a Cristo. La gente ya es gruñona, negativa y quejumbrosa, ellos no desean más de eso. Usted puede colocar etiquetas cristianas en su coche y ponerse joyería cristiana en el cuello, pero si su actitud es mala, la gente no verá a Jesús.

Una mala actitud también le afectará a usted. Si está viviendo con un pensamiento negativo y una mentalidad de desánimo, se está perdiendo de la vida gozosa y vencedora que Jesús vino a darle. Él no desea que usted pase cada día enfadado ni frustrado; Él desea que usted vaya por la vida feliz y contento, sabiendo que Dios tiene un gran plan para su vida.

Yo solía tener una actitud muy negativa. Amaba a Dios y deseaba ser feliz, pero rara vez tenía una actitud positiva. Durante muchos años de mi vida, esta fue un área de lucha para mí. Una de las cosas que Dios me mostró es que esa actitud es resultado de la perspectiva. La manera en que yo decidía ver una situación determinaba cómo respondía a ella.

> Si está viviendo con un pensamiento negativo y una mentalidad de desánimo, se está perdiendo de la vida gozosa y vencedora que Jesús vino a darle.

Por ejemplo, si Dave iba a jugar golf en lugar de pasar la mañana conmigo, yo me molestaba. Mi perspectiva sería: "¿Cómo puede dejarme sola en la mañana? ¿No sabe que yo deseaba pasar tiempo con él?". Pero cuando Dios comenzó a cambiar mi perspectiva, mi actitud comenzó a cambiar. En lugar de enfadarme con Dave, yo decidí enfocarme en lo agradecida que estaba por Dave. En lugar de pensar acerca de lo que no podía hacer cuando él estaba fuera, decidí enfocarme en las cosas que podría hacer durante esas horas. Ahora, cuando Dave desea ir a jugar golf, yo pienso: "De acuerdo, eso me dará tiempo para realizar algo de trabajo…o para estar sola y disfrutar el silencio total de la casa…¡o tal vez para ir de compras!".

Ese es solo un ejemplo, pero deseo que vea que en lo que decida enfocarse realmente puede afectar su actitud. Si usted se enfoca en sus problemas o en sus frustraciones, su actitud será de negatividad y derrota. Pero cuando coloque su enfoque en Dios y en las promesas que Él tiene para su vida, su actitud cambiará inmediatamente. Es por ello que David dijo: "A las montañas levanto mis ojos; ¿de dónde ha de venir mi ayuda? Mi ayuda proviene del Señor, creador del cielo y de la tierra" (Salmos 121:1–2, NVI). David sabía que su espíritu sería afectado por su perspectiva y su enfoque. Cuando llegaba el problema, David miraba hacia arriba: él miraba al Señor en lugar de mirar sus problemas.

> *Cuando coloque su enfoque en Dios y en las promesas que Él tiene para su vida, su actitud cambiará inmediatamente.*

Su actitud le pertenece a usted y nadie puede forzarlo a tener una mala actitud si usted se niega a hacerlo. Viktor Frankl pasó varios años en un campo de concentración durante el Holocausto. Muchas cosas le habían sido quitadas y no podía hacer nada al respecto, pero decidió mantener una buena actitud, diciendo que eso era algo que nadie le iba a quitar.

Los inconvenientes, las frustraciones y las ansiedades de la vida que solían arrastrarlo no son nada comparado con las promesas de Dios para su vida. Usted tiene algo por lo cual entusiasmarse hoy. Dios está a su favor y está obrando por usted. Anímese y aliéntese, todo va a funcionar. Uno de mis versículos favoritos dice:

> *Y sabemos que a los que aman a Dios, todas las cosas les ayudan a bien, esto es, a los que conforme a su propósito son llamados.*
>
> —Romanos 8:28

¡Eso cambia nuestra actitud! Usted puede pasar cada día con una comprensión dichosa de que Dios está obrando todas las cosas para su bien. Él lo ama y tiene un gran plan para su vida. Permita que ese sea su enfoque y deje que su luz brille de manera que todos la vean.

Nuevas confesiones

Si usted está buscando que Dios haga algo nuevo en su vida hoy, yo lo animo a comenzar a hacer nuevas confesiones. Las palabras que usted dice están estableciendo el curso de su vida. Las palabras que habla tienen el poder de afectar su gozo, sus oraciones y su futuro.

¿Alguna vez ha estado con alguien que siempre ve lo negativo en una situación? Parece que constantemente están hablando de cuán terrible es todo, de cuán difícil la tienen o de cuán molestos están. He conocido a gente como esta (y yo misma solía ser así). Cuando comienzan a sentirse mejor dicen: "¡Todavía estoy un poco enfermo!". Cuando el clima se está aclarando, ellos dicen: "¡Todavía está nublado!". Estas son personas que ven lo peor—y *dicen* lo peor—.

Si usted ha observado, la gente que vive así nunca está feliz. Yo sé que definitivamente yo no lo estaba. Antes de aprender acerca del poder de mis palabras, yo era miserable porque estaba hablando temor, hablando disfunción, hablando muerte sobre mi vida. Mientras repase sus problemas y declare sus temores, usted vivirá cautivo de sus problemas y sus temores. Las palabras positivas y llenas de fe desharán los resultados de las palabras negativas, de murmuración, de queja y de temor que hemos hablado en el pasado.

> En el momento que comience a confesar la Palabra de Dios sobre su vida y se ponga de acuerdo con Dios al hablar en fe sobre su situación, las cosas comenzarán a cambiar.

En el momento que comience a confesar la Palabra de Dios sobre su vida y se ponga de acuerdo con Dios al hablar en fe sobre su situación, las cosas comenzarán a cambiar.

- En lugar de decir: "Nunca mejoraré", confiese: "¡Soy sano por las llagas de Jesús!" (Isaías 53:5). ¡Espere mejorar diariamente!

- En lugar de decir: "No hay manera de superar esta situación", confiese: "¡Dios está abriendo caminos donde no los hay!" (Isaías 40:4).
- En lugar de decir: "No hay forma de llevar a cabo eso", confiese: "¡Todo lo puedo en Cristo Jesús!" (Filipenses 4:13).
- En lugar de decir: "No tengo suficiente talento", confiese: "Fui creado a la imagen de Dios; fui creado asombrosa y cuidadosamente" (Salmos 139:14).

Como creyente, es hora de hacer nuevas confesiones. Cuando confiesa las promesas de Dios sobre su circunstancia, usted habla vida a su espíritu y las cosas comienzan a cambiar. No les dé fuerza a los pensamientos negativos ni a los pensamientos de derrota; decida hablar la Palabra de Dios sobre su vida y ver la diferencia que eso hará.

Nuevo descanso

Todo el tiempo me encuentro con gente que está cansada...de hecho, están agotados. Sus horarios se han vuelto tan atareados, y las preocupaciones de su vida se han vuelto tan pesadas que están viviendo desgastados y presionados.

Si usted se relaciona con eso, yo deseo que sepa que Dios tiene algo nuevo para usted hoy, algo mejor. Jesús vino a darle una vida llena de paz y descanso, una vida llena de gozo en el Señor. La vida cansada, desgastada y agotada es la forma en que eran las cosas en el pasado. Usted ya no tiene que vivir en esa prisión; Jesús vino a liberarlo. Me encanta lo que dice el autor de Hebreos acerca del descanso de Dios:

Temamos, pues, no sea que permaneciendo aún la promesa de entrar en su reposo, alguno de vosotros parezca no haberlo alcanzado.
—Hebreos 4:1

Qué asombroso pasaje de la Escritura. El descanso no un deseo expresado; el reposo es la "promesa" de Dios para su vida. Y no es "demasiado tarde" para que usted lo reciba. ¡No es demasiado tarde para que aprenda a vivir con paz! Sin importar el estrés o la presión por los que esté pasando hoy, usted puede echar esas cargas sobre el Señor (1 Pedro 5:7) y recibir su descanso. Puede disfrutar su vida porque Dios lo ama incondicionalmente y se preocupa por usted.

> *El descanso no un deseo expresado; el reposo es la "promesa" de Dios para su vida.*

He notado que dejo el descanso de Dios cuando pienso que mi trabajo es arreglar el problema o averiguar una solución; sin embargo, cuando me doy cuenta de que Dios puede manejar esa situación mejor de lo que yo podría y se la entrego a Él, regreso a ese lugar de descanso. Eso no significa que nunca planee ni resuelva los problemas, sino significa que le pido a Dios su sabiduría y simplemente le confío a Él los resultados. Creo que lo mismo sucederá con usted. Si usted elige dejar ir la presión de tener que ser la persona que lo arregle todo y confiar que Dios hará su voluntad en su vida, usted hallará un nuevo nivel de descanso que nunca antes había experimentado.

Pregúntese lo siguiente: "¿En qué paso más tiempo: en preocuparme o en adorar?". Si la respuesta preocuparse, deje detrás esas redes—ese antiguo estilo de vida—y llévele al Señor cada situación preocupante en oración y adoración. Esa es la clave para descansar. Esa es la clave para un nuevo comienzo.

Una historia de sabiduría

Me encontré con una breve parábola moderna que deseo compartirle:

Una vez había una mujer que despertó una mañana, se miró al espejo y observó que solamente había tres

*cabellos en su cabeza. "Bien—dijo ella—, creo hoy que
me haré una trenza". Lo hizo y tuvo un día grandioso.*

*Al día siguiente se despertó, se miró al espejo y vio
que solamente tenía dos cabellos en la cabeza. "Hmmm
—dijo—, creo que me haré raya en medio". Lo hizo y
tuvo un día genial.*

*Se despertó al día siguiente, se miró al espejo y vio
que tenía un solo cabello en la cabeza. "Bien—dijo
ella—, hoy me haré una cola de caballo". Lo hizo y tuvo
un día muy, muy divertido.*

*Al día siguiente se despertó, se miró al espejo y se dio
cuenta de que no había un solo cabello en su cabeza.
"¡Sí!—exclamó—. ¡Hoy no tengo que peinarme!".*

Esta mujer comprendió el poder de una buena actitud. Su actitud, su confesión y su decisión de descansar le permitieron ver la vida de manera diferente. Esto le permitió disfrutar su vida a pesar de la situación que enfrentaba.

Yo no sé qué circunstancias enfrente usted hoy, pero deseo que sepa que le espera un nuevo comienzo. Y Dios le permite jugar un importante papel en ese nuevo comienzo. Su actitud, sus confesiones y su decisión afectarán en gran manera su vida, hoy y cada día en adelante.

Tal como los discípulos, tal como Ed Ryder y tal como la mujer de nuestra parábola, la decisión es suya. Usted puede decidir vivir en las antiguas mentalidades, actitudes, tentaciones, temores y preocupaciones que solían encarcelarlo; o puede vivir en lo nuevo que Dios tiene para usted. Aunque pueda estar acostumbrado a la antigua manera, el nuevo comienzo es mejor. Definitivamente, la música puede sonar diferente, el aire puede sentirse más liviano, pero usted no deseará regresar de nuevo.

Resumen

- Cuando usted está en Cristo, todas las cosas son hechas nuevas.
- Su perspectiva determina su actitud. ¿En qué se está enfocando: en sus problemas o en las promesas de Dios?
- Las palabras que diga establecerán el curso de su vida. De ahí la importancia de hablar la Palabra de Dios sobre su situación.
- No es demasiado tarde para entrar en el descanso de Dios. Usted no tiene que vivir estresado.
- Usted ha sido liberado del pasado. Puede vivir en las cosas nuevas que Dios tiene hoy para usted.

¡Alabado sea Dios, Padre de nuestro Señor Jesucristo! Por su gran misericordia, nos ha hecho nacer de nuevo mediante la resurrección de Jesucristo, para que tengamos una esperanza viva.

—1 Pedro 1:3, NVI

CAPÍTULO 15

El plan B: B significa mejor

"Lo que conseguimos con demasiada facilidad nunca es objeto de gran estimación".

—Thomas Paine

A veces el *plan A* no funciona. ¿Se ha dado cuenta de eso? Ya sea un plan pequeño o un gran plan, ya sea su horario diario o su estrategia de carrera, los planes tienen una manera de desilusionarnos. *La cena se quemó. El trabajo es aburrido. El libro no es publicado. El atuendo es demasiado pequeño. El contrato se termina. El cónyuge se marcha. El vuelo se cancela.* ¿Se da cuenta a qué me refiero? A veces el *plan A* es un fiasco. Resulta decepcionante que nuestros planes fracasen, pero si sentimos que hemos arruinado el *plan A* de Dios para nuestra vida, es fácil caer en la desesperación y sentirnos desesperanzados.

Muchas personas se derrumban cuando sus planes se derrumban (yo solía ser una de ellas). Y ni siquiera tiene que ser por algo importante. Si la espera en un restaurante toma más tiempo del prometido...la cena está arruinada. Si su programa favorito no se graba una noche...el acabose. Incluso las pequeñas desilusiones se transforman en devastaciones importantes (si se ha metido en el carril de "servicio a la ventanilla de su automóvil" del restaurante Chick-fil-A en domingo, usted sabe exactamente a qué me refiero—"¡Pero yo esperaba con ansias las papas estilo gofre!"—Sin embargo, los respeto por cerrar en domingo para honrar a Dios y darles a todos un día de descanso).

Ya en serio, las grandes desilusiones son las que infligen el mayor daño. Todo el tiempo me encuentro con gente que piensa que es demasiado tarde para disfrutar su vida porque el *Plan A* se derrumbó. *Él no me propuso matrimonio. El banco nos quitó la casa. Su matrimonio fracasó. El negocio familiar se fue para abajo. No se han embarazado. La bolsa de valores colapsó. No obtuvieron el empleo.* La parte realmente triste es que algunas de esas personas continúan tambaleándose por un plan fracasado que sucedió hace muchos años. Estoy segura de que sabe a qué me refiero; probablemente usted conozca a alguien que continúe atorado en una desilusión distante (posiblemente usted mismo esté atorado).

Bien, les tengo buenas noticias a quienes están decepcionados y desilusionados por causa de su plan original. He descubierto que el *plan B* a menudo es mejor de lo que pudo ser el *plan A*. Posiblemente no descubrí esa verdad mientras se estaba derrumbando el *plan A*, pero cuando miré en retrospectiva— semanas, meses o incluso años después—, no podía creer que la situación hubiera resultado mejor. De hecho, han habido muchas veces en las que me he arrodillado y le he agradecido a Dios por no permitir que el *plan A* funcionara. Fui mucho más feliz porque el *plan B* fue mucho mejor.

De ahí la importancia de que recordemos que a veces *B significa mejor*.

Harrison sabe de lo que estoy hablando, él lo experimentó de primera mano.

Cuando el fracaso nos prepara para el éxito

Harrison se mudó a California con grandes esperanzas. Grandes esperanzas que se desvanecieron con bastante rapidez. Originalmente, pensó que podría hacer doblaje, pero eso no dio resultado. Incluso intentó vivir de hacer pequeños papeles en las películas de Hollywood, pero eso nunca pagaba las cuentas. Desilusionado y con poco dinero en la bolsa, Harrison necesitaba averiguar una manera de mantener a su esposa y a sus dos hijos, de manera que se le ocurrió su propio plan: construir cosas. Él sabía cómo utilizar un martillo y una motosierra, y decidió tomar la carpintería como su profesión elegida. No era una idea particularmente emocionante, pero era la mejor idea que tenía. El *plan A* estaba en marcha.

Harrison no tenía experiencia en carpintería, pero se dedicó a su tarea al leer libros de carpintería y aprender a base de prueba y error. Comenzó por construir un par de mesas para un amigo. Esto le llevó a otros trabajos pequeños para los cuales lo contrataron. La publicidad de boca en boca lo mantenía ocupado. Finalmente estaba aceptando proyectos importantes, como construir estudios de grabación para compositores conocidos. Lo que fuera—grande o pequeño—si alguien necesitaba construir algo, Harrison era el indicado.

Un día, mientras estaba instalando una puerta en un plató de filmación de Hollywood, un director de películas relativamente desconocido, llamado George Lucas, le pidió a Harrison que bajara el martillo unos segundos y lo ayudara con algunas audiciones. Lucas deseaba que el carpintero leyera con los actores potenciales que estaban haciendo pruebas para una próxima película de ciencia ficción. Luego de que Harrison pasara la tarde leyendo con algunos actores muy famosos, Lucas detuvo las audiciones, había encontrado a su hombre en el carpintero.

George Lucas estaba tan impresionado con el talento de Harrison y su carisma natural que decidió ofrecerle al carpintero un papel en su película. Harrison Ford apareció como Han Solo en la película *La guerra de las galaxias,* de George Lucas. El filme de ciencia ficción es considerado como una de las trilogías más exitosas de todos los tiempos, y Harrison Ford es un personaje famoso que ha hecho millones de dólares como uno de los actores principales de Hollywood.

El *plan A* estuvo bien. Pero el *plan B* estuvo mejor.

Aférrese holgadamente a su plan

La historia de Harrison Ford nos enseña una simple pero valiosa lección: aferrarnos holgadamente a nuestros planes—puede

haber un mejor plan más adelante—. Esto sucede especialmente en la vida del creyente. Como hijos de Dios, nosotros sabemos que Dios tiene un plan para nuestra vida. Jeremías 29:11
es un pasaje muy familiar de la Escritura que habla acerca del
plan que Dios tiene reservado para nosotros, un plan de "bien-
estar" para darnos "un futuro y una esperanza".

> *Porque yo sé muy bien los planes que tengo para us-
> tedes—afirma el Señor—, planes de bienestar y no de
> calamidad, a fin de darles un futuro y una esperanza.*
> —Jeremías 29:11, NVI

Antes de que lea otra página de este libro deseo que comprenda realmente que Dios tiene un plan grandioso para su
vida, un plan que traerá la
paz y el gozo que Jesús vino
a darle. Si usted le rinde a Él
su vida y se somete a su dirección, no tiene qué temer
cuando el plan lo decepcione.

> *Dios tiene un plan grandioso para su vida, un plan que traerá la paz y el gozo que Jesús vino a darle.*

Usted sabe que Dios lo tiene en la palma de su mano. En lugar
de vivir en temor y preocupación porque el *plan A* se derrumbó,
yo deseo que lo vea a través de los ojos de la fe.

A esto me refiero: Si el *plan A* no está funcionando, comprenda que Dios está haciendo algo mejor. Posiblemente, en
este momento usted no comprenda qué es, pero aquí es donde
entra la fe. Me he dado cuenta de que cuando nuestros planes
se derrumban, Dios puede estar haciendo una de las siguientes
cuatro cosas:

1. Está protegiéndonos de algo.

Cuando hablamos de planes tenemos que comenzar por
preguntar: "¿De quién es el plan? ¿Este plan es mío o es el plan de
Dios?". Yo lo digo porque la única manera en que disfrutaremos

de verdad nuestra vida es si perseguimos el plan que Dios tiene para nosotros. Su plan siempre es mejor. Tristemente, a menudo lo olvidamos. A veces nos impresionamos tanto con los planes que *nosotros* hemos hecho para nuestra vida que nunca nos detenemos a preguntarle a Dios lo que *Él* ha planeado.

En nuestro celo por llevar a cabo nuestros propios planes resulta fácil correr con el plan equivocado. No significa que nuestras intenciones sean malas o que estemos intentando hacer algo incorrecto a propósito; solo significa que todavía no hemos escuchado claramente a Dios. No estoy diciendo que nunca deba hacer planes; sin embargo, cuando haga planes y establezca objetivos para su vida, siempre recuerde someterlos al Señor. Creo que es sabio acudir a Dios y decir: "Señor, esto es lo que estoy pensando que tú deseas que yo haga en esta situación, o esto es lo que creo que deseas que haga en mi vida; pero si no es tu plan, yo confío en que tú me llevarás en la dirección correcta". Y luego confíe en Dios mientras camina en esa decisión. Si no es el plan de Dios para su vida, el Señor se lo mostrará.

> *Si usted está viviendo para Dios y confiando en su dirección para su vida, y su plan se derrumba, Dios puede estar protegiéndolo de algo.*

La gente cree que Dios nos dirige a través de las puertas abiertas de la oportunidad (y eso es verdad, a menudo Él lo hace), pero no se dan cuenta de que Él puede dirigirnos al igual de fácil al cerrar puertas. Si usted está viviendo para Dios y confiando en su dirección para su vida, y su plan se derrumba, Dios puede estar protegiéndolo de algo.

Si usted hizo su mejor intento por restaurar una amistad, pero ese amigo insistió en terminar la relación, Dios puede estar dirigiéndolo al cerrar una puerta. Esa pudo haber sido una amistad que provocaría un daño más adelante en el camino.

Si usted hizo el trabajo requerido e intentó entrar en cierta universidad, pero ellos rechazaron su inscripción, Dios puede estar protegiéndolo de un evento que lo dañaría.

Si usted trabajó tanto como pudo, pero su empleador lo despidió, Dios puede estar protegiéndolo de una carrera que nunca lo llenaría o que no le proporcionaría suficiente para su familia.

Solo porque algo no funciona, no significa que usted fracasó. Puede significar que Dios lo está protegiendo y alejando de *su* plan para guiarlo hacia el plan de *Él*.

Esto nos lleva a lo siguiente que a menudo Dios está haciendo cuando el plan parece volverse caótico...

2. Está produciendo algo en usted.

Al leer los Evangelios, a menudo me río de los contratiempos de Pedro. Parece que él siempre se estaba metiendo en un problema de niños. Sus planes rara vez funcionaban como él pensaba que funcionarán. Mire estos ejemplos:

Cuando Jesús les dijo a sus discípulos que iba a Jerusalén a morir, Pedro llevó a Jesús a hablar en privado, diciéndole que eso nunca debía suceder. Jesús le respondió diciendo: "¡Aléjate de mí, Satanás!" (Mateo 16:23, NVI). *¡Ay! Un plan infructuoso.* ¡Solo imagínese lo avergonzado que seguramente estaba Pedro!

Cuando vio a Jesús caminar por el agua, Pedro deseó caminar sobre el agua con el Señor (¡al menos tuvo la valentía de salir de la barca!). Dio algunos pasos exitosos, pero cuando sintió el viento y miró las olas, Pedro comenzó a hundirse (Mateo 14). *¡Ayuda! Un plan no del todo exitoso.*

Cuando fue confrontado por una multitud de soldados que intentaban llevarse a Jesús, Pedro planeó deshacerse de ellos. Cuando sacó su espada y le cortó la oreja a un soldado, Jesús lo reprendió y sanó al soldado que él hirió (Juan 18). *¡Cáspita! Un plan no exitoso.*

Pero Jesús utilizó cada plan fallido que Pedro soportaba para enseñarle: Jesús estaba produciendo en Pedro el carácter que le permitiría cumplir su destino. La Biblia nos muestra que Pedro predicaría en el Día de Pentecostés y durante toda su vida, y ayudaría a establecer la primera iglesia. Usted o yo podríamos pensar: "¿Por qué elegir a Pedro para esas tareas? Pedro fallaba siempre". Pero con cada plan fracasado, Dios estaba produciendo algo en el corazón de Pedro. Incluso cuando el *plan A* falla, porque Dios es tan asombroso, Él puede hacer que el *plan B* sea mejor que de lo que pudo ser el *plan A!*

Hay mucho que aprender cuando pasamos por una prueba. Si lo pensamos, probablemente algunas de las cosas más grandes que hemos aprendido en la vida nos fueron enseñadas a través de circunstancias difíciles. La situación no fue fácil y no desearíamos pasar por ello de nuevo, pero nos enseñó mucho acerca de la fidelidad y la misericordia de Dios, y mucho acerca de nosotros mismos.

> *Si lo pensamos, probablemente algunas de las cosas más grandes que hemos aprendido en la vida nos fueron enseñadas a través de circunstancias difíciles.*

Es por ello que le digo a la gente todo el tiempo: "No desperdicie sus pruebas, su fracaso ni sus errores". Hay tantas cosas que aprender cuando pasamos por tiempos difíciles, porque es en esos tiempos difíciles que estamos apoyándonos en el Señor. En tiempos de prueba, Dios puede llevar a cabo una obra profunda en nuestro corazón, por causa de nuestra dependencia de Él. Romanos capítulo 5 lo dice de esta manera:

Y no sólo esto, sino que también nos gloriamos en las tribulaciones, sabiendo que la tribulación produce paciencia; y la paciencia, prueba; y la prueba, esperanza.
                                                    —Romanos 5:3–4

Yo sé que "gloriarnos" o "gozarnos" de nuestros sufrimientos suena contrario a lo que pensaríamos cuando estamos atorados en la decepción, y si no estamos confiando en Dios probablemente suene un poco más descabellado. Pero cuando sabemos que Dios está con nosotros y decidimos pararnos en fe, sabiendo que Él tiene un plan grandioso para nuestra vida, sabemos que Él puede usar un plan quebrantado para producir algo hermoso.

A Dios no le sorprendió cuando el *plan A* fracasó. Él existe fuera del tiempo y conoce el final desde el principio. Él puede utilizar cualquier situación para producir algo bueno en su vida. Cuando usted pasa por algo difícil, en lugar de pasar todo su tiempo de oración pidiéndole a Dios que lo libere de eso, yo lo animo a detenerse y pedirle a Dios que haga algo asombroso en medio de ello. Ore: "Dios, ¿qué estás intentando desarrollar en mi vida a través de esta situación?". Podría sorprenderse de saber que Él está usando la misma dificultad que usted está evitando para prepararlo para algo importante en su vida.

Eso nos lleva a una cosa más que Dios puede estar haciendo cuando el *plan A* no funciona...

3. Está preparándolo para algo mayor.

Yo puedo ver en retrospectiva mi vida y darme cuenta de que muchas de las cosas que Dios comenzó (y terminó) en mi vida sucedieron para prepararme para algo mayor. Dios nunca nos lleva hacia atrás; Él nos lleva hacia delante para cosas mayores con Él. Posiblemente nosotros no comprendamos lo que Él está llevando a cabo en el momento, pero eso no cambia el hecho de que Él está haciendo algo asombroso en nuestra vida. Isaías 55:9 nos dice:

> *Como son más altos los cielos que la tierra, así son mis caminos más altos que vuestros caminos, y mis pensamientos más que vuestros pensamientos.*

Eso significa que Dios tiene un plan de juego para nuestra vida que es más grande de lo que podemos comprender. Si nosotros confiamos en que Él ejecutará su plan, Él hará todo lo que sea necesario para llevarnos a aquello que Él ha preparado.

Yo pienso en mis hijos cuando eran pequeños. La primera vez que los llevé al parque, ellos no tenían idea de lo que les estaba esperando. Yo sabía cuánto les gustarían las cajas de arena, los columpios, los aros pasamanos y todos los aparatos para escalar que un pequeño puede imaginar; pero antes de ir tuve que prepararlos. Tuve que alejarlos del pequeño juego de plástico casero, subirlos al coche y conducir hacia el parque. ¡Usted pensará que yo era la peor mamá del mundo! Ellos lloraron y lloraron, muy enfadados por haber tenido que dejar de jugar y subirse al coche. *¿Cómo podía yo arruinarles el día de esa manera?* Pero cuando vieron a dónde los estaba llevando, su disposición cambió por completo. Ya no les importó el pequeño juego de plástico que estaba en casa, ¡ese parque era lo mejor que ellos habían visto!

Esto es lo que deseo que vea: si su plan no está funcionando, manténgase abierto al hecho de que Dios lo usará para prepararle para algo mejor. Esa relación, esa carrera, esa oportunidad llamada *plan A*, aunque fracasara, podría ser lo que Él use para colocarlo en la posición para un mejor plan. ¡El plan que parece haberse derrumbado puede ser el pequeño juego de plástico del que se está alejando de camino al pasamanos que nunca deseará dejar!

4. Está enseñándole que todas las cosas realmente son posibles con Dios.

Su plan pudo haber fracasado, porque para empezar, ese nunca fue el plan de Dios; pero aunque el *plan A* fuera el plan original de Dios y usted lo arruinara por completo, no es demasiado tarde para tener una vida grandiosa. Como dije anteriormente, con Dios, el *plan B* puede ser mejor de lo que el *plan A* pudo haber sido. Puede ser que nosotros no lo comprendamos, pero con Dios todas las cosas son posibles. ¡Dios es verdaderamente ASOMBROSO!

Dios perdona y olvida nuestros pecados y errores del pasado, y nos trata como si no hubieran sucedido. Aunque puedan haber algunas consecuencias prolongadas de nuestros fracasos, en Dios podemos lidiar con ellas y vencerlas. Dios creó de la nada todo lo que vemos en la naturaleza, por lo que seguramente puede hacer algo con sus errores y sus fracasos. Incluso un fracaso es más que nada. Puede no ser algo bueno, pero es algo. Y cuando le damos a Dios lo que tenemos, incluso nuestros fracasos, sus poderes creativos comienzan a obrar, tornándolo en algo asombroso y grandioso.

> Dios perdona y olvida nuestros pecados y errores del pasado, y nos trata como si no hubiera sucedido.

José tenía un plan

En Génesis capítulo 37, José tuvo un sueño de grandeza. Le contó a su familia al respecto (aunque se trataba de gobernar sobre ellos) y casi alardeaba de su potencial. El *plan A* lucía grandioso. Si él se parecía a usted y a mí, estoy segura de que estaba planeando cómo podría encausar su vida para ser exitoso. Pero sus planes se derrumbaron rápidamente.

Si está familiarizado con la Biblia, usted sabe cómo corre la historia. José fue secuestrado por sus hermanos mayores y vendido para ser esclavo. Luego de servir durante años como esclavo en Egipto, la esposa de Potifar lo acuso falsamente y lo echaron a la cárcel. Pasó muchos años en prisión, y justo cuando parecía que sería soltado, lo olvidaron. *Planes rotos, sueños derrumbados, profunda decepción.*

Si ese fuera el fin de la historia de José, qué triste historia sería. Pero Dios no había terminado con la vida de José. A través de una serie de eventos milagrosos, José fue liberado de prisión, llevado ante el faraón y ascendido a la segunda posición más alta del gobierno. Él también sería el instrumento que Dios usaría para salvar a su familia y a su pueblo de una hambruna de siete años.

Al final de la historia, cuando José se reúne con su familia, les dice a sus hermanos: "Es verdad que ustedes pensaron hacerme mal, pero Dios transformó ese mal en bien para lograr lo que hoy estamos viendo: salvar la vida de mucha gente" (Génesis 50:20, NVI). José pudo mirar hacia atrás y ver que Dios estuvo trabajando tras bambalinas todo el tiempo para algo mejor. En cada paso del camino, Dios utilizó lo que aparentemente era malo para protegerlo, producir algo en él, prepararlo para algo mayor y enseñarle que todas las cosas son posibles. ¡Dios tomó lo malo y lo transformó en algo bueno!

Lo mismo sucede en su vida. Dios está usando cada situación para su bien. Su plan no es un plan secundario, no es un plan de respaldo. El plan de Dios para su vida es el plan que siempre debe ser considerado como *el nuevo plan.* Si algo que ha planeado no funciona o si una puerta parece cerrarse, no asuma que tiene que conformarse con algo menor; crea que verá algo mayor.

Si otras personas desean llamarlo el *plan secundario,* está bien, no intente detenerlos. Usted y yo sabemos que *B significa mejor.*

Resumen

- El plan de Dios para su vida es mayor que cualquier plan que usted pueda crear solo.
- Someta sus planes a Dios y pídale sabiduría y dirección.
- Si un plan no funciona, puede ser que Dios lo esté protegiendo de algo que lo lastimaría.
- Dios puede usar incluso las cosas difíciles para producir un carácter divino en su corazón.
- Confíe en que el Señor lo está preparando para algo más grande.
- Dios le está enseñando que todas las cosas son posibles con Él.

Dios está obrando en usted y en su vida ahora mismo. Posiblemente no lo sienta ni lo vea, ¡pero puede creerlo!

La fe significa que usted tiene paz incluso cuando no tiene todas las respuestas.

Si usted cree que Dios lo ama, que tiene un plan para su vida y que su tiempo siempre es el correcto, no hay necesidad de envidiar a nadie.

Practique pensar positivo en cada situación. Dios ha prometido sacar algo bueno de lo que esté sucediendo en su vida en este momento.

Ser positivo no significa que neguemos la existencia de la dificultad; significa que creemos que Dios es mayor que nuestras dificultades.

La paciencia no es la habilidad de esperar, sino cómo actuamos mientras estamos esperando.

En lugar de preocuparse por sus problemas, adore, cante, alabe y déle gracias a Dios. Luego mire lo que sucede en su vida.

¡Somos más que vencedores en Cristo! Antes de que usted tenga un problema, Él ya tiene la respuesta.

Lo mejor acerca de su actitud es que es suya, ¡y usted puede decidir cambiarla!

Todos fracasaremos en la vida, pero eso no significa que seamos fracasos.

Dios puede tomar el *"plan B"* y hacerlo mejor de lo que el *"plan A"* pudo haber sido.

Nunca nos quedamos sin un camino, porque Jesús es El Camino.

Nunca se es demasiado viejo ni demasiado joven para hacer algo asombroso con Dios.

Cuando caemos, Dios siempre está ahí para levantarnos de nuevo.

CAPÍTULO 16

Un nuevo sueño

"Nunca se es tan viejo para establecer otro objetivo o tener un nuevo sueño".

—C. S. Lewis

Entre más tiempo somos cristianos y más tiempo pasamos en la Palabra, más fácil nos es pasar de largo los pasajes familiares de la Escritura. En nuestro tiempo de lectura bíblica, somos tentados a pensar: "Ah, ya he leído esta historia", y luego solo echarles un vistazo a las palabras, listos para tachar nuestra lista de disciplinas espirituales pendientes. Es por ello que yo siempre animo a la gente hacer más que solo *leer* la Palabra; *estudiarla*. Si usted se acerca diariamente a la Biblia con un corazón expectante, preparado para detenerse y realmente meditar en lo que el Señor está diciendo, usted le sacará mucho más provecho a su tiempo con Dios.

Yo creo que la historia de Moisés es un ejemplo perfecto.

Cuando menciono a Moisés, usted probablemente se lo imagine en la corte del faraón, gritando audazmente: "¡Deja ir a mi pueblo!". O posiblemente lo vea frente al mar Rojo con su vara extendida, haciendo que las aguas se separen y que la gente se asombre. Incluso puede pensar en él mientras caminaba por el monte para recibir los Diez Mandamientos de Dios mismo. Estas imágenes son generalmente reforzadas por medio de imágenes, películas, historias o sermones que hemos visto y escuchado con frecuencia. Alguien de mi personal buscó "Moisés" en las imágenes de *Google*, y hay cientos de imágenes que muestran un retrato impresionante, seguro y confiado de este hombre.

Ahora bien, no hay nada malo con esas imágenes de Moisés. Él *fue* un líder poderoso, usado poderosamente por Dios. Pero me gustaría recordarle que la Biblia nos dice mucho más de la vida de Moisés—él no siempre estaba desafiando a faraones ni partiendo el mar en dos—. Cuando nos encontramos con Moisés al principio de Éxodo capítulo 3, Moisés era solo un pastor. Y él tampoco es un pastor joven (como David lo era en el Primer Libro de Samuel); Moisés tenía 80 años y cuidaba ovejas para su suegro. Difícilmente era la imagen de un líder exitoso.

A esta altura de su vida, Moisés era un pastor experimentado. Él había apacentado ovejas a través del desierto de Madián, durante 40 largos años (Éxodo 3:1; Hechos 7:30). En lugar de apresurarnos a leer el texto, pensemos un minuto al respecto. *Cuatro décadas de largos y solitarios días con nada qué hacer más que pensar en lo que pudo haber sido. Cuatro décadas de preguntarse si debió haber hecho las cosas de manera diferente. Cuatro décadas de ver su sueño desvanecerse.*

Más atrás en Éxodo leemos que Moisés fue criado en la casa de Faraón. Aunque era un bebé hebreo, fue criado como príncipe (la hija de faraón lo rescató del genocidio y ocultó su herencia hebrea del público). Moisés vivió los primeros 40 años de su vida en el palacio de Faraón (Hechos 7:23). Me pregunto cuántas veces soñó con liberar a su pueblo de la opresión egipcia. La Biblia dice que le vino al corazón "visitar a sus hermanos" (Hechos 7:23). De hecho, él estaba tan ansioso de ser un libertador que intentó hacerlo en sus propias fuerzas, al matar a un egipcio que estaba golpeando a un esclavo hebreo (Éxodo 2:12).

Ese acto de violencia fue su ruina. Fue obligado a huir de Egipto como fugitivo, para vivir escondido como pastor en Madián. Es ahí donde lo encontramos al principio del capítulo 3. Él pasó 40 años esperando ser un libertador—40 años esperando ser liberado del lío en el que se había metido—. Los últimos cuarenta años los pasó haciendo cosas sin particular importancia, trabajando para alguien más y posiblemente sintiéndose un poco desilusionado por cómo había resultado su vida.

Una de las cosas grandiosas de la Biblia es que vemos que Dios usa a personas normales y con defectos. Moisés es más que una leyenda de la escuela dominical. Fue una persona normal que probablemente sintió que arruinó su mejor oportunidad. En los años que pasó apacentando ovejas en lugar de dirigir a la gente, me pregunto cuántas veces asumió Moisés que el sueño estaba muerto; cuántas veces pensó que era demasiado viejo para hacer algo importante; cuántas veces se arrepintió de su pasado o temió su futuro.

> *Una de las cosas grandiosas de la Biblia es que vemos a Dios usar a personas normales y con defectos.*

No sabemos qué pasó por su mente en los años que estuvo en el desierto, pero sabemos que se sorprendió cuando Dios le habló a través de la zarza ardiente. Su primera respuesta fue: "¿Quién soy yo para que vaya..?" (Éxodo 3:11). Ya sea que pensara que era demasiado viejo, que tenía demasiados defectos, que era bastante insuficiente o que simplemente era demasiado tarde, se sorprendió con esta nueva oportunidad.

Tal vez conozca el resto de la historia—Dios no aceptaría un "no" como respuesta—. Él respondió la pregunta que hizo Moisés: "¿Quién soy yo?", con su promesa: "YO SOY EL QUE SOY" (Éxodo 3:14), y envió a Moisés de vuelta a Egipto para liberar al pueblo. Moisés se convirtió en el héroe de la Biblia que conocemos, porque Dios se le manifestó en el desierto y le dio un fresco comienzo, un nuevo principio. Luego de escuchar al Señor aparentemente por primera vez en 40 años, Moisés pudo soñar de nuevo.

Nunca es demasiado tarde para soñar de nuevo

Ningún libro que se trate acerca de nuevos comienzos estaría completo si no hablara de un nuevo sueño. Creo que cada persona debería tener un sueño para su vida y luego perseguirlo con todo su corazón. En el capítulo anterior hablamos acerca de los planes de su vida, pero esto es distinto. Los planes son oportunidades manejables, pero los sueños a menudo son demasiado grandes para manejarlos. Planeamos armar un prototipo de avión...soñamos con volar.

Los sueños siempre requieren de fe, porque son más grandes que nosotros o que nuestra capacidad de llevarlos a cabo. Es por ello que creo que los sueños llenos de fe son importantes—"En realidad, sin fe es imposible agradar a Dios" (Hebreos 11:5, NVI)—. Cuando tenemos un gran sueño por Dios, nos volvemos completamente dependientes de Él. Lo buscamos más, confiamos más en Él y reconocemos nuestra necesidad de Él, porque sabemos que no podemos lograrlo nosotros solos.

> Los sueños siempre requieren de fe, porque son más grandes que nosotros o que nuestra capacidad de llevarlos a cabo.

Cada soñador llega al punto en que se detiene y dice: "Señor, este es el sueño que creo que tú me has dado, pero no sé cómo hacer que suceda. Necesito que tú hagas realidad este sueño. Necesito que tú dirijas el camino". Esta es una hermosa oración. Es una oración que se trata menos acerca de nosotros y más acerca de Dios.

En la historia de Moisés, Dios nos recuerda que no es demasiado tarde para soñar de nuevo. En un momento de su vida, Moisés pudo haber lucido como la persona que haría grandes cosas para Dios, pero no en ese momento. En lo natural parecía que estaba terminado: *Había fracasado. Era demasiado viejo. Nadie sabía dónde estaba.* Pero Dios sabía dónde estaba y no había terminado con él aún.

Usted posiblemente se identifique con eso. Tal vez comprenda la situación de Moisés mejor que la mayoría. Si usted ha pasado por un fracaso personal, se ha encontrado viviendo por debajo de su potencial o siente que continúa oculto en un desierto, anímese, nada de eso puede detener la obra del Espíritu Santo en su vida. Dios puede manifestarse y encender cualquier sueño si usted cree.

- No es demasiado tarde para soñar con ministrar la Palabra.
- No es demasiado tarde para soñar con tener su propio negocio.
- No es demasiado tarde para soñar estar sin deudas.
- No es demasiado tarde para soñar con tener una familia.
- No es demasiado tarde para soñar alcanzar ese objetivo.
- No es demasiado tarde para soñar que sus hijos hagan grandes cosas para Dios.
- No es demasiado tarde para soñar con que una relación será restaurada.
- No es demasiado tarde para soñar que todos los días desperdiciados de su vida pueden ser redimidos, y que ese *plan B* puede ser mejor de lo que el *plan A* pudo haber sido.

Es importante resaltar que no estoy hablando de fantasías. Como cristianos, nosotros no estamos llamados a sentarnos sin hacer nada, deseando cosas mejores. Cuando Dios ponga en nuestro corazón un sueño, Él nos mostrará los pasos que dar para participar a medida que Él hace realidad ese sueño. Siempre recuerde que la fe es activa, no pasiva. En 1 Corintios 15:10, Pablo dijo: "...He trabajado más que todos ellos..." (su parte), pero todo lo que Pablo hizo fue en obediencia y a través del poder del Señor (la parte de Dios). Pablo estaba dispuesto a trabajar, y Dios le dio gracia para hacerlo.

> *Cuando Dios ponga en nuestro corazón un sueño, Él nos mostrará los pasos que dar para participar a medida que Él hace realidad ese sueño.*

Cuando Dios le habló a Moisés acerca de ser parte de algo más grande que sí mismo (liberar al pueblo hebreo de la opresión egipcia), Moisés no solo se sentó a pensar: "¡Caramba! Dios me dio un sueño de lo que Él desea hacer con mi vida. Un día se hará realidad". Él activó su fe al dar pasos para llevar a cabo el plan de Dios. Dios fue fiel al mostrarle qué hacer y le dio fuerza para llevarlo a cabo, pero Moisés tomó la oportunidad de dar un paso en fe y *hacer* algo.

Si usted le pide a Dios que le dé un sueño nuevo, yo creo que Él lo hará.

> Si usted le pide a Dios que le dé un sueño nuevo, yo creo que Él lo hará.

Si usted no siente que Dios le haya dado un sueño, entonces reconéctese con lo que hay en su corazón. Pregúntese qué le gusta hacer y qué es lo que más disfruta. ¿En qué es bueno? Dios nos lleva por muchos caminos distintos y a menudo nos lleva por caminos muy normales. Cuando hablamos de escuchar a Dios, no significa que escuchemos una voz resonante del cielo o que veamos aparecer un ángel con un mensaje. Seguir su corazón es la mejor manera de comenzar. Dios no le hará pasar su vida haciendo algo que usted odia y para lo cual es terrible.

La Palabra de Dios dice que Él hará "todas las cosas mucho más abundantemente de lo que pedimos o entendemos" (Efesios 3:20). Ese pasaje está lleno de palabras que expresan un sueño: "abundantemente" y "mucho más". ¡Dios desea llevar a cabo algo grandioso en su vida!

Puede hacer lo imposible

Al leer la Biblia vemos que Dios llama a personas inverosímiles para hacer lo imposible. Una y otra vez leemos acerca de personas que perdieron su oportunidad, pero Dios hizo algo asombroso: Él les dio un sueño nuevo.

Ester fue tomada como concubina del rey Artajerjes. Ella finalmente se convertiría en reina, y Dios la usaría para salvar a los israelitas de la destrucción. Una mujer salvó a una nación.

Abraham y Sara no podían tener hijos. Sara era estéril y ambos eran muy viejos. Pero Dios les habló y les dijo que tendrían un hijo, y a través de su linaje, el mundo sería salvo.

Pedro negó siquiera conocer al Señor. Cuando la presión fue demasiado grande y las acusaciones comenzaron a volar, Pedro falló. Pensó que todo había terminado. Pero Dios lo restauró y lo ungió para predicar poderosamente.

Saulo era un fariseo y perseguidor de la Iglesia. Parecía ser la última persona que Dios usaría. Pero muchas veces, la última persona que pensamos que Dios usará, es la primera persona que Él elige. De camino a Damasco, Saulo se volvió Pablo, y escribió dos tercios del Nuevo Testamento.

Siga soñando

Dios me dio el sueño de enseñar su Palabra hace treinta y siete años. En ese tiempo, yo no sabía adónde me llevaría ese sueño, pero creí que Dios me estaba dirigiendo. Tenía un deseo ardiente de compartir la verdad de la Palabra de Dios con la gente que estaba lastimada—física, emocional y espiritualmente—. Dios me llevó por tantas cosas en mi vida que yo deseaba apasionadamente compartir con otras personas alrededor del mundo lo que Él me estaba enseñando.

Me asombra aquello de lo que Dios me ha permitido ser parte. Por su gracia, he dirigido congresos, escrito libros, transmitido programas de televisión y muchas cosas 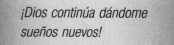 *¡Dios continúa dándome sueños nuevos!* más. Tal como aquellos personajes con defectos de la Biblia, Dios ha usado mi vida para ayudar a otros, a pesar de mis imperfecciones. Cuando miro en retrospectiva todo lo que Dios ha hecho, me imagino que algunas personas pueden estar desanimándose ahora. Pueden asumir que el sueño está cumplido y que es tiempo de retirarme. ¡Pero Dios continúa dándome sueños nuevos! Puedo ser grande de edad, pero Él continúa renovándome por dentro día tras día.

Por ejemplo, uno de esos sueños es nuestro alcance de misiones, *Hand of Hope* [Mano de esperanza]. Cuando comenzamos *Hand of Hope* hace 25 años, sucedió en obediencia a un deseo que Dios puso en mi corazón de ayudar a los pobres. No teníamos idea de cuánto crecería ni de lo que Dios haría. Todo lo que sabía era que cada vez que veía a personas hambrientas, sin hogar, enfermas y perdidas en el mundo, yo deseaba ayudar a satisfacer sus necesidades. De manera que dimos pasos para seguir ese sueño. Ahora, años después, me emociona demasiado que, además de enseñar la Palabra de Dios, ayudemos a niños hambrientos, rescatemos a mujeres que han sido traficadas, cavamos pozos frescos, cuidamos huérfanos, construimos clínicas médicas, cuidamos a niños de las zonas marginales y llevamos ayuda a las víctimas de desastre en todo el mundo. ¡Dios está haciendo cosas asombrosas!

¿Y sabe qué? Sigo soñando. Estoy soñando que continuaremos haciendo más en las fuerzas de Dios. No vamos a conformarnos con el lugar donde estamos; vamos a buscar a Dios por nuevas oportunidades para ayudar a los que están heridos en todo el mundo. Yo puedo tener objetivos. Por ejemplo, deseo ver que nuestros ministerios alimenten a un millón de niños cada día. Ese es tan solo uno de los muchos sueños que Dios ha puesto en mi corazón. Cuando calculo lo que costaría y la mano de obra que se necesitaría, yo sé que es imposible sin Dios, pero no cuesta nada soñar. Deseo que Dios sepa que estoy disponible si me necesita; ¡sigo soñando! Y mientras tanto continuamos incrementando el número de niños que alimentamos cada año.

Le comparto esto por una razón. Si yo puedo continuar soñando después de todos estos años, usted puede hacerlo también. Dondequiera que se encuentre en la vida—sea joven o viejo, esté lastimado o sanado, en un palacio o en el desierto—sueñe. Pídale a Dios que ponga algo en su corazón tan grande que solo pueda suceder con su poder. Y luego dé los pasos que Dios le muestre, ¡y nunca se rinda!

Resumen

- Cuando lea la Biblia, dedique tiempo para estudiar y meditar en lo que Dios está diciendo.
- Nunca es demasiado tarde para soñar lo que Dios puede hacer en su vida.
- Cuando Dios le dé un sueño, Él también le dará los pasos que dar para verlo volverse realidad.
- Dios usa a personas normales para llevar a cabo sus propósitos en el mundo.
- Los sueños son efectos secundarios de la fe.

El poder de un sueño

Comenzó como muchas noches. Mamá y papá estaban en casa, y Jimmy fue a jugar después de la cena. Mama y papá estaban absortos en sus labores y no se dieron cuenta de la hora. Había luna llena y por las ventanas se colaba un poco de luz. Entonces mamá miró el reloj. "Jimmy, es hora de ir a la cama. Ve a acostarte y yo iré a acomodarte más tarde".

A diferencia de lo normal, Jimmy subió directamente a su habitación. Aproximadamente una hora más tarde, su madre fue a revisar si todo estaba bien y, para su sorpresa, ella encontró a su hijo mirando la luz de la luna por la ventana en silencio.

—¿Qué estás haciendo, Jimmy?

—Estoy mirando la luna, Mami.

—Bien, es hora de ir a la cama.

Mientras el chico reacio se acomodaba en la cama, dijo:

—Mami, sabes que un día caminaré en la luna.

¿Quién habría sabido que el chico cuyo sueño fue plantado aquella noche sobreviviría un choque casi fatal de motocicleta que rompió casi todos los huesos de su cuerpo, y que llevaría a la realidad su sueño 32 años después, cuando James Irwin caminó sobre la faz de la luna, siendo uno de los 12 representantes de la raza humana en haberlo hecho?

—Autor desconocido

CAPÍTULO 17

La mejor historia que jamás se haya contado

"No hay agonía mayor que llevar dentro una historia sin contar".

—Maya Angelou

Todos observamos el mismo mundo pero de manera un poco diferente. Dios nos creó a cada uno con dones y talentos únicos, y esos dones y talentos afectan la manera en que observamos el mundo que nos rodea. Los artistas ven colores que usted y yo jamás hemos notado, al capturar y saborear perpetuamente los momentos. Los poetas escuchan el lenguaje más fluidamente que la mayoría; lo que otra persona percibe como una conversación, ellos lo ven como una danza. Los matemáticos buscan un orden y una estructura subyacente, sin dejar espacio para dilemas sin resolver en el transcurso del día normal. Los músicos mueven su vida a través de ritmos, y si no hay un ritmo evidente, ellos crean uno.

Yo soy maestra por naturaleza. Me gusta descubrir verdades y hablar acerca de principios y preceptos, con el fin de ayudar a la gente y animarla en su caminar con el Señor. Eso es lo que me encanta hacer. Siempre estoy pensando acerca de cómo lograr que aquello que experimento y aprendo se vuelvan mensajes que ayuden a la gente. Puedo ver alguna frase en un espectacular mientras conduzco por la carretera y pienso: *"Ese sería un mensaje fabuloso acerca de…"*. También me encanta entretejer la Palabra de Dios entre las historias o las parábolas de la vida diaria que ayudarán a la gente a entender más completamente la Palabra de Dios.

Es por ello que deseo utilizar este último capítulo para contarle una historia asombrosa. Pasé horas explorando la internet, leyendo libros y diarios, e incluso preguntándoles a amigos si tenían una historia genial que pudiera utilizar como la apoteosis final. Deseo que usted termine este libro, pensando: "¡Caramba! Qué grandiosa historia, Joyce". "¡Vaya! Qué fabuloso capítulo, Joyce". "¡Hala! Qué perfecto final para el libro, Joyce". Pero mientras buscaba la perfecta y más importante historia, me di cuenta de que *su* historia es la razón por la que escribí este libro. Aquella que usted está viviendo...la que todavía no ha terminado... aquella que usted usará para animar alguien más.

Yo no sé si usted se haya detenido a pensarlo, pero *su* historia con Dios es la mejor historia que conoce—simplemente porque usted es quien la está viviendo—. Usted comprende los altibajos, las victorias y las derrotas, la risa y las lágrimas mejor que nadie. Usted sabe hasta dónde lo ha llevado el Señor, y sabe hasta dónde tiene que llegar todavía. Existe algo único y poderoso acerca de la historia en curso de su caminar con Dios—es por ello que su historia es la historia perfecta para el capítulo 17—.

> *Existe algo único y poderoso acerca de la historia en curso de su caminar con Dios.*

Viva su propia historia

A medida que vive para Dios, permítame recordarle que usted no está llamado a ser nadie más. No mire a quienes lo rodean y sienta que necesita competir con ellos, copiarles o criticarlo para encontrar la felicidad. Si pasa su vida enfocado en la historia de alguien más, usted será un cristiano frustrado, preocupado e infeliz. En lugar de mirar alrededor a otras personas, mire al Señor. Él está llevando a cabo algo único y original en su vida. Cuando usted se enfoque en Dios y en la obra que Él está realizando en su corazón, las frustraciones de comparación se desvanecerán.

La Biblia nos muestra que la tentación de compararnos con alguien más no es algo nuevo. Los discípulos a menudo caían en la misma trampa. En Juan capítulo 21—luego de que Jesús resucitará de la tumba, pero antes de su ascenso al cielo—, Jesús estaba hablándole a Pedro acerca del plan de Dios para su vida. Pedro mira a Juan y pregunta: "Señor, ¿y qué de éste?" (v. 21). En lugar de enfocare en su propia vida, Pedro se estaba enfocando en la vida de Juan. Jesús le respondió con bastante franqueza: "Si quiero que él quede hasta que yo venga, ¿qué a ti? Sígueme tú" (v. 22).

Yo creo que el Señor nos está diciendo lo mismo ahora: "¡Sígueme tú!". Concéntrese en seguir a Jesús. Desarrollar su relación con Dios y obedecer lo que Él le está diciendo que lleve a cabo le mantendrá ocupado... ¡y lo hará feliz! Lo animo a que no desperdicie sus días enfocado en ser como alguien más. Si usted es Pedro, no intente ser Juan. Si usted es María, no trate de ser Sara. Si usted es Miguel, no intente ser Alfredo. Solo sea la persona que Dios creó: ¡usted!

Muchas veces nos comparamos con los demás, porque tenemos una perspectiva negativa de nosotros mismos. Vemos un don o un talento en nuestro compañero de trabajo, nuestro vecino o la mujer que canta en la plataforma de la iglesia, y sentimos que no damos la talla. Pero permítame recordarle que usted fue creado por Dios mismo, y cuando cuestiona su valor, usted está cuestionando la obra de Dios. Efesios 2:10 dice lo siguiente acerca de la obra que Dios hizo cuando nos creó (y cuando nos salvó):

> *Cuando cuestiona su valor, usted está cuestionando la obra de Dios.*

Porque somos hechura suya, creados en Cristo Jesús para buenas obras, las cuales Dios preparó de antemano para que anduviésemos en ellas.

Somos "hechura" de Dios. Él ya ha planeado una buena vida para nosotros y desea que caminemos en ella. Él desea que usted viva su historia con expectación y entusiasmo. Habrá risa y lágrimas, habrá buenos tiempos y tiempos difíciles, pero todo ello obrará para entretejer una historia asombrosa que usted pueda contar. Posiblemente un día alguien esté escribiendo un libro y encuentre su historia en la internet, la copie y la comparta en su libro para animar a los lectores.

Yo leí que Hellen Keller dijo una vez: "La vida es una serie de lecciones que deben ser vividas para comprenderlas". Creo que hay un verdadero poder en esa afirmación. A medida que caminamos con Dios, Él nos enseñará nuevas lecciones con cada experiencia que enfrentemos. Pero para aprender aquellas lecciones es importante que estemos viviendo nuestra propia historia. Dios continuará enseñándonos, guiándonos y bendiciéndonos a medida que caminemos nuestra propia vida para Él.

Viva su mejor historia

Todos hemos cometido errores en el pasado; nadie es perfecto. Pero eso no significa que tengamos que repetir aquellos errores en el futuro. Entre más caminemos con Dios, más aprenderemos de su poder para ayudarnos a tener

> Usted no tiene que sufrir las mismas derrotas de ayer; por la gracia de Dios, usted puede vivir de manera diferente hoy.

una vida victoriosa y llena de gozo. Usted no tiene que sufrir las mismas derrotas de ayer; por la gracia de Dios, usted puede vivir de manera diferente hoy. Su historia puede ir de mejor en mejor, usted puede aprender a vivir lo mejor que Dios tiene para usted.

A mí me encanta lo que la Biblia dice acerca de vivir la mejor vida para Dios...

> *Y todo lo que hagáis, hacedlo de corazón, como para el Señor y no para los hombres; sabiendo que del Señor recibiréis la recompensa de la herencia, porque a Cristo el Señor servís.*
> —Colosenses 3:23–24

> *Esfuérzate para poder presentarte delante de Dios y recibir su aprobación.*
> —2 Timoteo 2:15, NTV

> *Y todo lo que hacéis, sea de palabra o de hecho, hacedlo todo en el nombre del Señor Jesús, dando gracias a Dios Padre por medio de él.*
> —Colosenses 3:17

Estos versículos nos animan a hacer lo mejor que podamos para Dios. Cuando se termine nuestro tiempo en la Tierra y vayamos al cielo, debemos dejar atrás la historia de una vida que se vivió para Dios. Me consuela saber que Dios no espera perfección; Él solamente me pide que haga lo mejor, cualquiera cosa que sea.

Yo estoy lejos de ser perfecta, pero puedo decirle que soy mucho mejor de lo que era hace 20 años...hace 10 años...e incluso hace 5 años. Dios me ha enseñado mucho y ha hecho mucho en mi vida. No deseo desperdiciarlo. Mi mejor vida es la que Dios preparó para mí y la cual estoy disfrutando ahora. ¿Y sabe qué? Creo que en cinco años...en 10 años...e incluso en 20 años, habré aprendido todavía más. ¡Estaré viviendo en nuevos niveles de victoria!

Lo mismo es para usted. Posiblemente no se encuentre donde desea estar, pero gracias a Dios que no está donde solía estar. Si usted se lo permite, Dios continuará desarrollando su carácter en su vida cada día de manera que pueda vivir la mejor historia para Él y disfrutar la vida que Jesús vino a darle. Se trata acerca de recibir lo mejor que Dios ofrece y de vivir para Él a cambio.

Tristemente, muchos cristianos están entregándole lo mejor a una carrera o a un empeño terrenal. Le dan su mejor tiempo, energía y enfoque a un empleo, mientras que su relación con Dios obtiene las sobras. Creo que este es un ejemplo de prioridades inapropiadas. Dios merece lo mejor de nosotros cada día. He descubierto que cuando pasamos el comienzo del día con Él, y cuando nos comprometemos a hacer lo mejor para Él en todo lo que hacemos, Él bendice todo aquello que toca nuestra mano. Nuestro empleo, nuestra familia, las actitudes y acciones prosperan cuando Dios está en el centro de nuestra vida.

> Nuestro empleo, nuestra familia, las actitudes y las acciones prosperan cuando Dio está en el centro de nuestra vida.

Viva su nueva historia

¿Qué si en lugar de escribir el capítulo 17, solo hubiera decidido volver a escribir el capítulo 1 y llamarlo capítulo 17? Estoy segura de que recibiría muchas cartas de lectores decepcionados. "Joyce, ¿por qué no escribiste un capítulo nuevo? ¿Por qué decidiste solo volver a escribir un capítulo viejo? Ya leímos ese capítulo. ¡Deseamos algo nuevo!". Y tendrían toda la razón. Sería un error que me enfocara en un capítulo pasado. El capítulo 1 se terminó. Este es un capítulo nuevo. Y con cada capítulo viene una oportunidad para ambos: una oportunidad para descubrir algo fresco y nuevo.

La misma verdad que se aplica al escribir un libro es verdad en la vida diaria. El que tiene ante usted es un capítulo sin escribir. ¿Qué palabras escribirá en esas páginas? ¿Nos contará acerca de una nueva esperanza, nuevas oraciones, nuevas victorias y nuevas aventuras en Dios; o reescribirá la página del capítulo anterior? Lo que sucedió en su pasado (ya fuera bueno o malo) son capítulos importantes que le han traído hasta este momento, pero usted no tiene que vivir en las páginas de ayer. Es hora de vivir su nueva historia.

¿Alguna vez ha conocido a alguien (o ha sido esa persona) que cuenta una y otra vez las mismas historias de lo que Dios *solía* hacer? "La 'Gente de Jesús' fue un movimiento grandioso porque Dios hizo esto..."; o: "Cuando fui salvo fue asombroso porque Dios hizo aquello..."; o: "Los servicios de avivamiento que solíamos tener eran fabulosos, porque Dios hizo esto...". Tengo el privilegio de cuidar a mi tía de 86 años y a mi mamá de 89, y créame cuando le digo que escucho las mismas historias una y otra vez. Ambas están en cama casi todo el día y no tienen muchas historias que contar, de manera que cuentan las mismas historias antiguas. Es lindo, pero también es triste porque significa que la vida casi ha terminado para ellas.

Pero su historia está lejos de terminar, continúa escribiéndose, y Dios desea que usted sepa que Él todavía no ha terminado... Él está haciendo algo nuevo.

Isaías 43:19 dice:

> *He aquí que yo hago cosa nueva; pronto saldrá a luz;*
> *¿no la conoceréis? Otra vez abriré camino en el desierto,*
> *y ríos en la soledad.*

Yo deseo animarlo a pedirle a Dios que le revele lo nuevo que Él está haciendo en su vida. Pídale que le dé historias nuevas—una fe nueva, nuevas respuestas respondidas, una nueva dependencia de Él y oportunidades nuevas para hacer una diferencia en el mundo que lo rodea—. Hoy es el día perfecto para comenzar de nuevo con Dios. Usted no tiene que vivir en lo que solía ser. Puede escribir un nuevo

Hoy es el día perfecto para comenzar de nuevo con Dios.

capítulo para su familia, su iglesia, su carrera, su comunidad y su vida con el Señor. *¡He aquí, Él está haciendo cosa nueva!*

Viva la historia más grande de Dios

Comencé este libro escribiendo que *nunca es demasiado tarde* es uno de los mensajes centrales de la Biblia, y mientras escribo estas últimas palabras, me acordé de ello una vez más. Hemos hablado mucho de comienzos frescos y de nuevos comienzos; acerca de vencer obstáculos y descubrir su destino; pero nada de ello sucede fuera de la mayor historia que se ha contado. La razón por la que no es demasiado tarde para usted, se debe a que la historia de Jesús que murió en la cruz para pagar por nuestros pecados y que resucitó de la muerte es la mayor historia que se ha contado, y su historia es la que hace posible nuestra historia.

En las páginas de la Biblia, la historia de Dios y nuestra historia colisionan. La humanidad estaba quebrantada y sin esperanza, marcada por las heridas autoinfligidas del pecado; pero Dios nos amó incluso en nuestro estado más bajo. Se negó a rendirse con nosotros, incluso cuando nosotros nos habíamos rendido. Entró en acción al llevar a cabo su grandioso plan de rescate: Jesús. Cuando nuestra historia colisiona con la suya, ¡todo está resuelto!

La cruz del Calvario resuena para siempre en los corredores del tiempo: No importa quién sea usted, no importa lo que haya hecho, nunca es demasiado tarde para comenzar de nuevo. El profeta Isaías nos dice: "Venid luego, dice Jehová, y estemos a cuenta: si vuestros pecados fueren como la grana, como la nieve serán emblanquecidos" (Isaías 1:18), y el apóstol Pablo nos exhorta: "De modo que si alguno está en Cristo, nueva criatura es; las cosas viejas pasaron; he aquí todas son hechas nuevas (2 Corintios 5:17). Estos versículos nos muestran que la salvación es un amanecer fresco, un lienzo en blanco, un nuevo comienzo.

Permítame recordarle de nuevo que su historia solamente es posible debido a que es la historia de Dios. Su amor por usted, su búsqueda por usted, y su gracia para usted cambiaron la narración. Usted ya no es sujeto de la esclavitud del pecado. No tiene que vivir en temor o preocupación un día más. Usted es redimido a través de la gracia, por fe en Jesús. Eso significa que su vida ha cambiado para siempre. La paz, el descanso y el gozo son suyos para que los tome. Su vida puede ser aquella vida llena de gozo, victoriosa y abundante que Jesús vino a darle. Si usted no ha vivido en la verdad de esa promesa, puede comenzar hoy.

> *La cruz del Calvario resuena para siempre en los corredores del tiempo: No importa quién sea usted, no importa lo que haya hecho, nunca es demasiado tarde para comenzar de nuevo.*

¡NUNCA ES DEMASIADO TARDE!

Resumen

* Su historia tiene un tremendo poder.
* Rechace la tentación de comparar su vida con la de alguien más. Dios está haciendo algo poderoso en su historia.
* Dios le dio lo mejor; decida darle lo mejor a Él.
* Hoy es un nuevo día de su vida. Pídale a Dios nuevas historias de victoria en Él.
* Su historia solamente es posible por Jesús. Su amor por usted es la historia más grandiosa que se ha contado.

NUNCA ES DEMASIADO TARDE PARA...

✔ *Dar.*

✔ *Recibir gracia.*

✔ *Decirle a alguien que está orgulloso de él.*

✔ *Tener una fe como de niño.*

✔ *Dedicar tiempo para sí mismo.*

✔ *Hacer cosas grandiosas.*

✔ *Regresar a la escuela.*

✔ *Decir: "Te amo".*

✔ *Levantarse en defensa de lo que cree.*

✔ *Mostrarle bondad a los demás.*

✔ *Ganarse la confianza.*

✔ *Comenzar esa carrera.*

✔ *Obedecer al Señor.*

✔ *Establecer límites.*

✔ *Inscribirse a un gimnasio.*

✔ *Perseguir su sueño.*

EPÍLOGO

¡Felicidades! Llegó al final de *Usted puede comenzar de nuevo.* (Si usted es como yo, cuando termina un libro siente una ligera sensación de logro). Espero que haya disfrutado leer este libro, porque yo definitivamente disfruté escribirlo. Cada página fue cuidadosamente planeada, y cada palabra fue escrita en oración. Y desde la primera página hasta acá, mi deseo ha sido que usted haga más que solo escucharme; mi deseo ha sido que usted escuche al Señor.

Hemos cubierto mucho material durante nuestro tiempo juntos. Se contaron historias, las pusimos en práctica, lanzamos desafíos y estudiamos versículos (según mis cálculos en este libro hay casi 200 versículos diferentes de la Biblia o historias bíblicas que compartimos). Debido a que la Palabra de Dios no vuelve vacía (Isaías 55:11), confío en que Dios le ha hablado algunas cosas al corazón al leer uno o más de esos pasajes. Creo que el Espíritu Santo ha hecho algo poderoso en su vida, y si me lo permite: ¡yo estoy tan emocionada como usted!

Pero, antes de colocar este libro en la repisa, deseo decirle una última cosa...

Dios colocó este libro en sus manos porque lo ama grandemente, y ya que usted es parte de su historia, es importante que usted recuerde que cuando llegue uno de esos días difíciles y sienta que posiblemente no lo logrará, esa es solo una página más de la historia de su vida, no es toda la historia, así que déle la vuelta a la página y continúe escribiendo.

ORACIÓN DE SALVACIÓN

La relación más importante de su vida es una relación personal con Jesucristo. Si a usted le gustaría recibirlo como su Señor y Salvador, y entrar en la relación más grandiosa que haya conocido, por favor, haga la oración siguiente:

Padre:

Tú amaste tanto al mundo que diste a tu Hijo unigénito para que muriera por nosotros, para que todo aquel que en Él cree no se pierda, mas tenga vida eterna.

Tu Palabra dice que somos salvos por gracia, a través de la fe, como un regalo tuyo. No hay nada yo pueda hacer para ganarme la salvación.

Yo creo y confieso con mi boca que Jesucristo es tu Hijo, el Salvador del mundo. Creo que Él murió en la cruz por mí y cargó todos mis pecados, pagando así el precio de ellos.

Yo creo en mi corazón que tú resucitaste de la muerte a Jesús y que Él está vivo hoy.

Yo soy un pecador; me arrepiento de mis pecados y te pido que me perdones. Por fe, yo recibo a Jesucristo ahora como mi Señor y Salvador. ¡Creo que soy salvo y pasaré la eternidad contigo! Gracias, Padre. ¡Estoy muy agradecido! En el nombre de Jesús, amén.

ACERCA DE LA AUTORA

JOYCE MEYER es una de las principales maestras de la Biblia, con un enfoque práctico, de todo el mundo. Su programa de televisión y radio, *Disfrutando la vida diaria*, se transmite en cientos de canales de televisión y estaciones de radio mundialmente.

Joyce ha escrito más de 100 libros inspiradores. Entre los libros más vendidos figuran: *Dios no está enojado contigo; Cómo formar buenos hábitos y romper malos hábitos; Hazte un favor a ti mismo... Perdona; Vive por encima de tus sentimientos; Pensamientos de poder; El campo de batalla de la mente; Luzca estupenda, siéntase fabulosa; Mujer segura de sí misma y Tienes que atreverte.*

Joyce viaja extensamente llevando a cabo congresos durante todo el año y hablándole a miles de personas alrededor del mundo.

JOYCE MEYER MINISTRIES
DIRECCIONES EN E.U.A.
Y EL EXTRANJERO

Joyce Meyer Ministries
P.O. Box 655
Fenton, MO 63026
USA
(636) 349-0303

Joyce Meyer Ministries—
Canadá
P.O. Box 7700
Vancouver, BC V6B 4E2
Canada
(800) 868-1002

Joyce Meyer Ministries—
Australia
Locked Bag 77
Mansfield Delivery Centre
Queensland 4122
Australia
(07) 3349 1200

Joyce Meyer Ministries—
Inglaterra
P.O. Box 1549
Windsor SL4 1GT
United Kingdom
01753 831102

Joyce Meyer Ministries—
Sudáfrica
P.O. Box 5
Cape Town 8000
South Africa
(27) 21-701-1056

Los mensajes de Joyce se pueden ver en una variedad de idiomas en: tv.joycemeyer.org.

OTROS LIBROS DE JOYCE